WILNICK M‹

SEMÁNTICA DE LA CONJUGACIÓN VERBAL *PI'EL* EN EL HEBREO BÍBLICO

ENSAYO EN EL LIBRO DE JUECES

EDITOR:

ABNER B. BARTOLO H.

PUBLICACIONES
KERIGMA
Ἐν ἀρχῇ ἦν ὁ Λόγος

WILNICK MOÏSE

SEMÁNTICA DE LA CONJUGACIÓN VERBAL *PI'EL* EN EL HEBREO BÍBLICO

ENSAYO EN EL LIBRO DE JUECES

EDITOR:

ABNER B. BARTOLO H.

PUBLICACIONES KERIGMA

Ἐν ἀρχῇ ἦν ὁ Λόγος

© 2019 Publicaciones Kerigma
Salem Oregón, Estados Unidos
http://www.publicacioneskerigma.org

Diseño de Portada: Publicaciones Kerigma

2019 Publicaciones Kerigma
Salem Oregón
All rights reserved

Pedidos: 971 304-1735

www.publicacioneskerigma.org

ISBN: 978-1-948578-43-1

Impreso en Estados Unidos

CONTENIDO

LISTA DE TABLAS

PRESENTACIÓN DEL EDITOR

Conocí al profesor Wilnick Moïse en el año 2011, en el programa de *Magíster Theologiae* en Biblia del Seminario Teológico Centroameriano (SETECA) de Guatemala. Fue un estudiante responsable y con una profunda pasión por los estudios del Antiguo Testamento y del hebreo bíblico.

Wilnick Moïse inició su investigación sobre la conjugación verbal *pi'el* en el año 2012. En el 2013, él y yo, tuvimos el privilegio de participar en el 15º Congreso de la *International Organization for Septuagint and Cognate Studies* (IOSCS) y el 21º Congreso de la *International Organization for the Study of the Old Testament* (IOSOT) en la ciudad de Munich. Tales eventos, sin duda, pulieron la investigación.

El presente libro es el resultado de años de investigación y mejoras. Es un libro ideal para los profesores de hebreo bíblico, estudiantes de maestría, estudiantes que quieran profundizar en la semántica verbal y de gran ayuda para los traductores bíblicos. Es un libro muy necesario para la comprensión de la conjugación verbal *pi'el*.

Cuando inicié mis estudios de idiomas bíblicos, en el 2004, memoricé que la conjugación *pi'el* intensifica la acción de la conjugación *Qal*. Entonces, asumí, erróneamente, que cada vez que encuentre un verbo en *pi'el* debe ser entendido como intensivo. Gracias al trabajo de mi buen amigo Wilnick Moïse, y otros investigadores del hebreo bíblico, puedo conocer que la conjugación *pi'el* tiene el sentido semántico intensivo, factitivo, resultativo, denominativo y causativo.

A lo largo de las páginas de este libro el lector encontrará una seria investigación sobre la conjugación verbal *pi'el*. El autor dedica mucho espacio para explicar la semántica de la conjugación *pi'el* en el hebreo bíblico. En esta sección resume los conceptos históricos acerca de la conjugación *pi'el*, explica los conceptos relacionados con con esa conjugación y sus derivadas. Por otro lado, el autor también ofrece un análisis semántico de las formas verbales *pi'el* en el libro de Jueces. Este análisis permite observar la frecuencia de los usos semánticos, para concluir que en el libro de los Jueces el uso factivo es el más frecuente.

A la pregunta, ¿cuál sentido semántico (intensivo, factitivo, resultativo, denominativo y causativo) es la conjugación fundamental de *pi'el*? Este libro no es conclusivo al respecto. El aporte de Wilnick Moïse es mostrar que el sentido intensivo no es el único en la conjugación *pi'el*. En el libro de Jueces predomina el sentido factitivo. Por lo que se requiere más investigaciones para responder la pregunta. Se requiere que se investiguen todas las apariciones de *pi'el*, que se presenten cuadros estadísticos, y determinen que sentido semántico predomina en la Biblia hebrea y en cada libro del Antiguo Testamento.

Como profesor de idiomas bíblicos y de ciencias bíblicas recomiendo esta obra. Que el Dios que confundió las lenguas y usó el hebreo para transmitir su mensaje le ayude a conocer más de este rico idioma.

El editor

Abner B. Bartolo H. (peruano) se graduó de *Magíster Theologiae* (M. Th.) en Biblia por el SETECA y la Universidad San Pablo de Guatemala. Enseñó en varias instituciones teológicas de América Latina. Es autor del libro *Profecías contra Edom*, en Publicaciones Kerigma. Actualmente es profesor de Biblia y Teología en la Universidad de Chiapas y en la Universidad Filadelfia de México. Forma parte del equipo de exégetas en traducción bíblica de *Seed Company*.

AGRADECIMIENTOS

Saqué mi licenciatura en el *Séminaire de Théologie évangélique de Port-au-Prince* (STEP) en Haití. Fue en este programa, en otoño del 2003, que tuve conocimiento por primera vez del idioma hebreo. El curso tuvo corta duración y no se conectó con ninguna otra materia. Salí del programa el 4 de junio de 2004 sin ver en realidad para qué se había enseñado el curso en dicho seminario, pero inquieto para seguir aprendiendo. Nuestro maestro, el pastor Semira Tullus, al darse cuenta de mi interés me regaló el texto bíblico en hebreo y también el Antiguo Testamento en griego. Pasé años tratando de leer sin poder comprender, sin embargo, han sido claves para mantener despiertos mis anhelos de aprender los idiomas bíblicos. Lástima que nunca puede disfrutar a plenitud estos regalos porque se desvanecieron en el terremoto del 12 de enero de 2010. Pastor Semira, mi primer agradecimiento va para Ud.

Al llegar al Seminario Teológico Centroamericano (SETECA) no fue fácil seguir a partir de esta introducción al hebreo, por varias razones: por un lado, había olvidado todo lo aprendido, y por otro lado, tenía que retomarlo a la par de aprender el español. En esta encrucijada Dios puso en mi camino a personas claves para ayudarme a dar los primeros pasos firmes en el idioma español cuando era tentado a tirar la toalla. De estas personas había dos compañeros: Lcda. Cheryl Yeraldin Jimenez y Lic. Nimrod Isaí López Noj. Amigos, hermanos, compañeros, faltan las palabras para agradecerles. Otra persona importante en el proceso fue el profesor José Ismael Ramírez Pérez, quien ha sido paciente como mi maestro de Hebreo I, II, III, Lecturas en hebreo e Introducción al arameo.

Estudiar un tema de esta índole sigue siendo un desafío en América Latina, no solamente por escasez de material sino también por personas cualificadas para asesorar. Los profesores Gary Williams y José Ismael Ramírez Pérez fueron de los pocos que podían hacerlo. Conscientes de las dificultades de mi proyecto, ya que tenía que seguir aprendiendo mucho del idioma, aceptaron el desafío de asesorar el trabajo. Mis queridos maestros, mil gracias.

Varias personas han leído y revisado partes del documento. La Lcda. Mayra Ileana Urízar de Ramírez revisó los detalles de forma.

Mis amigos y compañeros Lic. Edilzar Aguilar, Lic. Rodrigo Mejía y Lic. Juan Francisco Peralta Cruz hicieron sugerencias para mejorar la redacción en español. Les estoy muy agradecido. El querido maestro Rodrigo Mejía hizo el esfuerzo de leer el trabajo por completo.

Otros han dado sus contribuciones técnicas en momentos en los cuales podría ser imposible. El empresario Rigoberto Florentín Mérida Hernández que me prestó una casa durante un buen tiempo para hacer parte de esta investigación y otros apoyos económicos. También mil gracias a los hermanos de la Iglesia Evangélica Centroamericana "Las antorchas encendidas" por poner una habitación a mi disposición por varios años.

¡Sobre todo a Dios sea toda la gloria!

Capítulo 1
INTRODUCCIÓN

1.1 Tema: la semántica de *pi'el* en
el hebreo bíblico

Paul Joüon, en su libro *Grammaire de l'hébreu biblique*, publicado en 1923, afirmó: "El piel es la conjugación activa de la acción intensiva".[1] Muchos eruditos han compartido esta postura hasta el día de hoy; sin embargo, desde hace algunos años, autores como Bruce K. Waltke y M. O'Connor[2] han descubierto otros significados de la conjugación *pi'el*. Debido a lo anterior, los estudiosos del hebreo bíblico aún no tienen claro el significado de la conjugación *pi'el*. La misma dificultad existe con el modelo correspondiente en otros idiomas semíticos, por ejemplo, en el *pa'el* del arameo.

En el presente trabajo se estudian los posibles significados de la conjugación *pi'el* y las conjugaciones vinculadas en el hebreo bíblico. Se comparará la conjugación duplicada hebrea con idiomas cognados cuando sea necesario para estos tipos de análisis. El campo de trabajo será el texto bíblico.

1.2 Objetivos

El objetivo principal de este trabajo es deducir los significados de la conjugación *pi'el* en el libro de Jueces. Para alcanzar este objetivo global, se prevé alcanzar otros objetivos secundarios: 1) exponer históricamente las teorías en cuanto al

---

[1] Paul Joüon, *Grammaire de l'hébreu biblique* (Roma: Institut Biblique Pontifical, 1923), 115.

[2] Bruce K. Waltke y M. O'Connor, *An Introduction to Biblical Hebrew Syntax* (Winona Lake: Eisenbrauns, 1990), 396.

significado principal de la conjugación *pi'el* del hebreo bíblico; 2) explicar e ilustrar los conceptos actuales relacionados con el significado de la conjugación *pi'el*; 3) analizar el significado de las formas *pi'el* y las formas vinculadas con la conjugación *pi'el* en el libro de Jueces; 4) estudiar las conjugaciones poco usuales vinculadas con *pi'el*; 5) Cotejar estadísticamente los datos obtenidos en el análisis del significado de las formas verbales en *pi'el* y las conjugaciones relacionadas con *pi'el*.

1.3 Preguntas de investigación

Varias preguntas dirigirán esta investigación: 1) Históricamente, ¿cuáles han sido las teorías en cuanto al significado principal de la conjugación *pi'el* del hebreo bíblico? 2) ¿Cómo se explican e ilustran los conceptos actuales relacionados con el significado de la conjugación *pi'el*? 3) ¿Cómo pueden contribuir las conjugaciones poco usuales al entendimiento de la conjugación duplicada? 4) ¿Qué se deduce acerca del significado de la conjugación duplicada al estudiar los casos de *pi'el* y los casos de las conjugaciones relacionadas con *pi'el* en el libro de Jueces? 5) ¿Qué se puede concluir del cotejo estadístico de los datos obtenidos en el análisis de las formas verbales en *pi'el* y conjugaciones relacionadas con *pi'el* en el libro de Jueces?

1.4 Justificación de la investigación

Debido a la cantidad de veces que se encuentra en el texto bíblico, el uso de la forma *pi'el* merece una explicación. Se han encontrado 415 verbos atestiguados en *pi'el*.[3] Según Waltke y O'Connor, Ernst Jenni aceptó el reto de investigar el significado de *pi'el* según los principios lingüísticos modernos.[4] A pesar de eso, vale la pena estudiar el significado de la conjugación hebrea *pi'el* en el libro de Jueces, porque se encuentra una buena cantidad de

---

[3] Ibíd., 398.
[4] Ibíd.

casos no analizados por los gramáticos (por la mayoría de las gramáticas en general y el trabajo de Jenni ha sido discutible en varios puntos). El conocimiento del idioma hebreo (bíblico, sobre todo, y moderno) es de gran utilidad para los estudiosos bíblicos, el trabajo de los traductores de la Biblia, los exegetas y los teólogos bíblicos. Los verbos utilizados son de suma importancia para la interpretación de la Biblia. En segundo lugar, el tema se justifica igualmente, porque todavía no hay acuerdo en el mundo académico en cuanto al verdadero significado de la conjugación *pi'el*. Los estudiantes del hebreo bíblico podrían confundirse, porque los manuales de enseñanza discrepan entre sí. Por último, actualmente no hay un estudio completo sobre el uso de la forma (por lo menos en el idioma español, el trabajo de Jenni está en alemán).

1.5 Presupuestos, delimitaciones y limitaciones

Los idiomas semíticos y los idiomas afroasiáticos han servido de base para estudiar la gramática hebrea. También los idiomas indoeuropeos han contribuido en el estudio del hebreo bíblico. Por lo tanto, en este trabajo, muchas conclusiones dependerán de las comparaciones realizadas del hebreo bíblico con otros idiomas semíticos, afroasiáticos e indoeuropeos. Esta investigación no pretende de ninguna manera ser teológica, ni filosófica, sino filológica.

La investigación se enfoca en la sintaxis de la conjugación *pi'el* en el libro de Jueces. Normalmente, en cuanto a esta conjugación, se podría estudiar la historia de la fonología y los paradigmas del tiempo o aspecto (con los verbos fuertes y débiles). Se podría estudiar la historia de los idiomas semíticos para evaluarlos. Existe también la posibilidad de analizar todas las formas *pi'el* a través de todo el Antiguo Testamento. Sin embargo, la investigación se limita a descubrir el significado de *pi'el* en el libro de Jueces, utilizando la reflexión personal, los libros de referencia y los trabajos específicos sobre el tema.

Hubo ciertas dificultades para escribir esta investigación. La primera dificultad se debe a la escasez de obras sobre la temática.

Por lo tanto, la bibliografía tiene limitaciones en cuanto al número de libros, pero no en calidad, ya que se utilizó los mejores recursos escritos sobre el tema. La segunda dificultad son los idiomas en los cuales están escritos la mayoría de las fuentes. Así que, además de la tecnicidad del trabajo en sí, se consultaron las fuentes existentes en los varios idiomas: la mayoría en inglés, otros en alemán y en francés, pero de menor importancia por el aporte valioso al tema. Lo mismo sucedió con las fuentes español, porque regularmente son traducciones del inglés.

1.6 Definición de términos

Conviene definir aquí algunos términos repetidos en el trabajo para evitar toda ambigüedad.

1.6.1 Causativo

Semánticamente, los verbos causativos son una clase de verbos o locuciones verbales que describen una acción causada.[5] En esta categoría de verbos, el sujeto del verbo no hace, por sí mismo, la acción indicada por la raíz verbal, sino que es responsable de la acción que se realiza.[6]

1.6.2 Delocutivo

Los verbos delocutivos o las derivaciones delocutivas pertenecen a una categoría de verbos creada por el profesor Emile Benveniste en 1958, posiblemente siguiendo a Albert Debrunner (1956). Un verbo delocutivo es un verbo derivado de una locución tal como una salutación o una formula religiosa o legal. Se observa este fenómeno en varios idiomas: en latín *salutare* - "decir *salus*,

---

[5] Hadumod Bussmann, *Routledge Dictionary of Language and Linguistics*, trad. y ed. por Gregory P. Trauth y Kerstin Kazzazi (Londres: Routledge, 1996), 68.

[6] http://www.usingenglish.com/glossary/causative-verb.html#pIMY6zqJY4AfrsJs.99.

desear bien, saludar a alguien". En el idioma inglés *to welcome* ("acoger"), se deriva de la fórmula de salutación *welcome* ("bienvenido") y significa *to say welcome* ("decir bienvenido"); *to sir someone* ("decir señor a alguien"); otros ejemplos serían: *to encore, to hail, to okay, to yes*. En francés, ciertos verbos ayudan a ilustrar el concepto que Benveniste utilizó para desarrollar su teoría: *bisser* ("decir *bis*"), *(re)-merci-er* o *dire merci* ("decir gracias"), *tutoyer/vouvoyer* ("tutear"), *dire tu/vous* ("decir tú/usted"). En español se pueden mencionar: vosear ("decir vos"), pordiosear ("decir por Dios"), tutear ("decir tú"). Un verbo delocutivo difiere del verbo denominativo, porque el delocutivo significa "decir X" o "pronunciar X" y el denominativo significa "hacer X".[7]

1.6.3 Denominativo

Los verbos denominativos o denominales se derivan de un sustantivo. Por ejemplo: "martillar" proviene del sustantivo "martillo" y "apedrear" del sustantivo "piedra". Estos verbos no solamente se reconocen por la semántica, sino también por la morfología. En el idioma español existe una gran tendencia de que los verbos derivados de un sustantivo terminan en "ear" ("silabear" de "sílaba"; "torear" de "toro") o "ar" ("comisionar" de "comisión").[8] El significado del verbo depende de su base nominal.[9]

---

[7] Para más detalle véase Delbert R. Hillers, "Delocutive Verbs in Biblical Hebrew", *Journal of Biblical Literature* 86/3 (1967): 320-324; Michèle Fruyt, "Les verbes délocutifs selon E. Benveniste", http://linx.revues.org/969; José Faur, "Delocutive Expresions in the Hebrew Liturgy", *Journal of the Ancient Near Eastern Society*, 16/17 (1984-1985): 41-54; Frans Plank, "Delocutive Verbs Crosslinguistically", *Linguistic Typology* (2005): 459-491; Manuel Casado Velarde, "Discurso y creación léxica: delocutivos y decitativos en español", *Revista de Investigación Lingüística* 13 (2010): 65-85.

[8] Real Academia Española, *Nueva gramática de la lengua española, morfología y sintaxis, I*, (Madrid: Asociación de Academias de la Lengua Española, 2009), 577-619.

[9] Josefa Martín García, "Verbos denominales en 'EAR': caracterización

1.6.4 Estativo

Los verbos estativos son aquellos que describen un estado o una cualidad.[10] Joüon, citando a H. Bauer, define un verbo estativo como un "adjetivo conjugado",[11] pues el verbo estativo hebreo había evolucionado del adjetivo.[12] Esta categoría es más amplia en hebreo que en español.[13] Los verbos estativos hebreos se traducen muchas veces por una locución verbal al español, por ejemplo: tener miedo, estar muerto, ser grande, ser pesado, entre otros.

1.6.5 Factitivo

Del latín *facere* que significa "hacer". Según el Diccionario de la Real Academia Española (DRAE), el factitivo se define como un "verbo o una perífrasis verbal, cuyo sujeto no ejecuta por sí mismo la acción, sino que la hace ejecutar por otro".[14] El factitivo es una construcción en la cual una causa produce un estado.

El verbo factitivo difiere del verbo causativo en el sentido de que "el sujeto del verbo causativo causa un evento, por su parte el sujeto del verbo factitivo causa una condición o un estado".[15] He aquí algunos ejemplos: "enrojecer", es decir, "causar que algo esté rojo"; "engrandecer", "hacer que sea grande"; "aliviar", "hacer que esté liviano".[16]

1.6.6 Fientivo

Este designa una acción durativa y dinámica realizada por el

léxico-sintáctica", *Revista Española de Lingüística (RSEL)* 37 (2008): 279-310.

[10] Waltke y O'Connor, *Biblical Hebrew Syntax*, 693.
[11] Joüon, *Grammaire*, §41b.
[12] Waltke y O'Connor, *Biblical Hebrew Syntax*, 365.
[13] En español los verbos de estado son: ser, estar, parecer, permanecer, etc.
[14] DRAE, consultado en línea.
[15] Waltke y O'Connor, *Biblical Hebrew Syntax*, 691.
[16] Bussmann, *Routledge Dictionary*, 163.

sujeto.[17] El verbo fientivo describe movimiento o cambio de estado,[18] siendo la contraparte de los verbos de estado. Se los denominan verbos de acción. Existen tres clases de verbos fientivos: transitivos, intransitivo y reflexivos.[19]

1.6.7 Intensivo

Lo intensivo es un aspecto verbal que indica sucesos caracterizados por un alto grado de intensidad. Por ejemplo: "gritar" es la forma intensiva de "llorar"; "despedazar" o "romper en pedazos" de "romper"; "masacrar" de "matar".

1.6.8 Iterativo o frecuentativo

El término "iterativo" viene del sustantivo latín *iterum* que significa: "de nuevo, otra vez, dos veces, doble" y del adjetivo *iteratīvus* cuyo significado es "que se repite, que tiene la condición de repetirse o reiterarse".[20] La expresión "iterativo" es la forma opuesta de "semelfactivo" del latín *semel* "una vez". Los verbos semelfactivos se refieren a una ocurrencia individual.[21] La palabra "frecuentativo" también viene del latín, *frequentatīvus* "que se repite".[22]Los verbos iterativos y frecuentativos se utilizan de manera intercambiable e indican una acción repetida, frecuente y habitual. Como ejemplos de verbos iterativos o frecuentativos se pueden mencionar: "gotear, martillear, besuquear, cecear, cortejar o apedrear, mariposear",[23] entre otros.

---

[17] http://en.wiktionary.org/wiki/fientive.

[18] Waltke y O'Connor, *Biblical Hebrew Syntax*, 691.

[19] Francisco Marcos Marín, *Curso de gramática española,* 2ª. ed. (Madrid: CINCEL, 1981), 347-48; Waltke y O'Connor, *Biblical Hebrew Syntax*, 363; Joüon, *Grammaire*, §41.

[20] Real Academia Española, *Diccionario de la lengua española*, 762.

[21] Bussmann, *Routledge Dictionary,* 244.

[22] http://etimologias.dechile.net/?frecuentativo.

[23] Véase *La enciclopedia*, vol. 9 (2004), 6426; vol. 20 (2004), 15575; Marín, *Curso de gramática*, 298; Alcina y Blecua, *Gramática española*, 785.

1.6.9 Privativo

Semánticamente definido, el privativo es una clase de verbos derivados cuyo significado puede parafrasearse como "eliminación de algo". Algunos ejemplos de esta clase son los siguientes: desoxidar (quitar el óxido), desoxigenar (eliminar el oxígeno), descabezar (privar de la cabeza), desinfectar (quitar la infección),[24] etc. En conclusión, los verbos privativos expresan la falta, la ausencia o la negación de una cualidad.

1.6.10 Resultativo

Los verbos resultativos se refieren a un grupo de verbos en los cuales la noción verbal del transitivo se presenta como un estado final, es decir, un resultado.[25] Los verbos resultativos son la contraparte de los verbos llamados durativos, cursivos.[26] Este último grupo indica una acción en proceso, en su aspecto imperfectivo, mientras que los resultativos indican su estado final, o sea, el resultado de la acción procesada. En el idioma español, se pueden mencionar como verbos resultativos o construcciones resultativas: "llegar a (ser)", "venir a ser", "resultar", "salir".[27]

1.7 Metodología de la investigación

La investigación se caracteriza por ser científica y se basa en el estudio de un texto hebreo antiguo. En el segundo capítulo, se consultaron los libros de gramática disponibles y los trabajos específicos relacionados con el tema, así como documentos

---

[24] Bussmann, *Routledge Dictionary*, 382.

[25] Waltke y O'Connor, *Biblical Hebrew Syntax*, 404-409.

[26] Ibíd., 139.

[27] Véase Pål Valsgård, "Verbos transformativos y resultativos en castellano", *Universidad de Oslo* (10 de mayo de 2007), 13-16, https://www.duo.uio.no/bitstream/handle/10852/25836/masteroppg_spansk.pdf.

inéditos. En el tercer capítulo, se realizó un análisis sintáctico de las formas verbales *pi'el* en el libro de Jueces. El análisis sintáctico consistió en determinar el sentido de cada forma identificada para luego clasificarla en una categoría. La conclusión dependió en gran parte del análisis estadístico realizado en el cuadro de clasificación. Las fuentes de más ayuda fueron las gramáticas, los léxicos, los diccionarios teológicos, los comentarios y diccionarios exegéticos, algunos trabajos de investigación y tesis sobre el tema.

1.7 Estructura de la investigación

La investigación se estructura en cuatro capítulos esta introducción es el capítulo uno. El segundo incluye, en primer lugar, una investigación histórica acerca de los conceptos o de las teorías acerca de *pi'el*; en segundo lugar, se explican los conceptos actuales relacionados con la conjugación y, en tercer lugar, un estudio sobre las conjugaciones poco usuales vinculadas con la conjugación *pi'el* (*po'el, pi'lel,* etc.). El tercer capítulo contiene un análisis del significado de las formas verbales *pi'el* y las formas verbales relacionadas en el libro de Jueces. Además, incluye un análisis estadístico de los datos arrojados por el análisis de las formas verbales en *pi'el*. El capítulo cuatro contiene la conclusión de la investigación en la que se recapitula y se hacen ciertas recomendaciones.

CAPÍTULO 2

SEMÁNTICA DE LA CONJUGACIÓN VERBAL *PI'EL* EN EL HEBREO BÍBLICO

2.1 Introducción

Según el diccionario en línea Worldreference.com, la palabra "conjugación" se define: "Serie ordenada de las distintas formas flexivas y no flexivas de un mismo verbo con las cuales se denotan sus diferentes modos, tiempos, números y personas".[1] La Comisión de Gramática de la Real Academia Española explica la flexión: "la serie entera de las formas verbales con una raíz común, es decir, todas las formas de un verbo determinado".[2] Según estas dos definiciones, en una forma verbal existe una parte variable y otra invariable.

El verbo hebreo se construye sobre la base de una raíz léxica de tres letras. Esta raíz sufre modificaciones en cuanto a tiempo, tipo de acción, voz, persona, género y número. La forma verbal es el resultado de la combinación de la raíz léxica y los modificadores de la raíz. Al respecto Allen P. Ross escribe:

> [La] forma verbal es una combinación de la raíz léxica y de afijos modificadores. Estos afijos especifican la persona, número, género y clase de acción (es decir, perfecto, imperfecto, participio, etc.).
>
> La raíz léxica puede modificarse aún más por medio de otros afijos (prefijos e infijos solamente) con respecto a *voz* (activa, pasiva, reflexiva o recíproca), *causación* (factitiva,

---

[1] http://www.wordreference.com/definicion/conjugacion.
[2] Real Academia Española (Comisión de Gramática), *Esbozo de una nueva gramática de la lengua española* (Madrid: Espasa, 1979), 249.

denominativa, conativa o ingresiva) o *intensificación*.[3]

Se pueden considerar los verbos hebreos desde dos puntos de vista: el lexicográfico (el estudio de su raíz léxica) y el morfológico (la modificación de la raíz por medio de afijos). El hebreo bíblico tiene siete conjugaciones principales u ordinarias:[4] *qal, nif'al, pi'el, pu'al, hitpa'el, hif'il, hof'al*. Estas se clasifican en dos categorías. La primera categoría se llama "conjugación simple",[5] "forma verbal fundamental",[6] "conjugación pura o propia" o "verbos primitivos".[7] Esta se denomina *qal*. En algunos casos, se refiere a ella como conjugación G (del alemán *Grundstamm*) o conjugación B (conjugación básica).[8] Aparentemente, consiste en la conjugación verbal sobre la cual se construyen las demás.[9] La segunda categoría se llama: "conjugaciones derivadas o aumentadas" o "restantes".[10] Estas llevan por nombre: *nif'al*

---

[3] Allen P. Ross, *Manual del hebreo bíblico de Ross*, trad. y adap. por por J. Ismael Ramírez P. (Notas de clases, Seminario Teológico Centroamericano, Guatemala, 1988), 225.

[4] Para referirse a estas formaciones del verbo hebreo, se utilizan varios términos, tales como conjugaciones, raíces, *binyanim* (בנינים), construcciones. En la mayoría de las gramáticas en inglés, se usa *stem* para referirse a estas conjugaciones, también se usa *root* para referirse a la raíz léxica. En este trabajo, se adopta el término "conjugaciones".

[5] Paul Joüon, *Grammaire de l'hébreu biblique* (Rome: Institut Biblique Pontifical, 1923), 92-93.

[6] Rudolf Meyer, *Gramática del hebreo bíblico,* trad. Ángel Sáenz-Badillos (Barcelona: CLIE, 1989), §68.

[7] E. Kautzsch, ed., *Gesenius' Hebrew Grammar*, trad. A. E. Cowley, Kautzsch, 2a. edición (Oxford: Clarendon, 1910, 1982), §38.

[8] Rossemary Arispo Pinto, "Analogías y diferencias del sistema verbal del arameo y el hebreo bíblico con un análisis morfológico en el libro de Esdras" (tesis de M.A. en Biblia, Seminario Teológico Centroamericano, 2005), 10; Bruce K. Waltke y M. O'Connor, *An Introduction to Biblical Hebrew Syntax* (Winona Lake: Eisenbrauns, 1990), 362.

[9] Waltke y O'Connor, *Biblical Hebrew Syntax*, 352.

[10] La expresión "conjugaciones derivadas" es más utilizada y antigua. Se encuentra en Kautzsch, ed., *Gesenius' Hebrew Grammar*, §39, Joüon también la utiliza (*Grammaire de l'hébreu biblique* [1923], 92), y en la gramática de Rudolf Meyer (*Gramática del hebreo bíblico* [1989], 227). Joüon añadió la expresión "conjugaciones aumentadas".

(conjugación N), *pi'el* (conjugación D), *pu'al* (conjugación Dp), *hitpa'el* (conjugación HtD), *hif'il* (conjugación H) y *hof'al* (conjugación Hp).[11]

Además de estas siete conjugaciones principales u ordinarias, el hebreo bíblico posee varias conjugaciones llamadas "raras", "menores" o "poco usuales". Debido a que la mayoría de estas se asocia con la conjugación *pi'el*,[12] una sección de la investigación se dedica al estudio de las mismas.

Desde el punto de vista semántico las conjugaciones hebreas se dividen tradicionalmente entre tipos de acción (simple, intensiva y causativa) y tres voces (activa, pasiva y reflexiva/recíproca). La tabla siguiente presenta las conjugaciones, usando la nomenclatura tradicional.[13]

	Voz activa	Voz pasiva	Voz reflexiva/ recíproca
Acción simple	*Qal*	*Nif'al*[14]/*Qal* pasivo[15]	*Nif'al*
Acción Intensiva	*Pi'el*	*Pu'al*	*Hitpa'el*

[11] Para los nombres alternos entre paréntesis, véase C. L. Seow, *A Grammar for Biblical Hebrew* (Nashville: Parthenon, 1987), 45.

[12] Paul Joüon y Takamitsu Muraoka, *Gramática del hebreo bíblico* (Navarra: Verbo Divino, 2007), § 59.

[13] Ibíd., §40.

[14] En el cuadro presentado por Joüon, *Grammaire*, §40, la acción simple no tiene pasivo, así que, el *nif'al* se consideraba simplemente como el reflexivo de *qal*. Supuestamente hubo una forma de tipo *qutil(a)* para el tiempo perfecto y *yuqtal (u)* para el imperfecto, las cuales eran las formas pasivas de *qal*. Hay una parte dedicada a la conjugación *qal* pasiva más adelante en el presente trabajo.

[15] Esta forma se encuentra en el cuadro presentado por Andrew H. Bartelt, *Fundamental Biblical Hebrew* (Missouri: Concordia Academic Press, 2000), 161.

Acción Causativa	*Hif'il*	*Hof'al*[16]	*Hif'il*[17]

Tabla 2.1 Nomenclatura e interpretación tradicionales de las conjugaciones hebreas

Según esta tabla, el *qal* corresponde a la conjugación principal activa y denota una acción simple o estado de ánimo. El *nif'al* se reconoce como la voz pasiva del *qal,* ya que denota la acción reflexiva o recíproca del *qal.* El *pi'el* expresa un matiz intensivo de la acción indicada por el *qal.* El *pu'al* señala la contraparte pasiva del *pi'el.* El *hitpa'el* es la forma reflexiva de la acción intensiva. El *hif'il* es el causativo de la forma básica, y el *hof'al* la forma pasiva correspondiente al *hif'il.* Sin embargo, ninguna de estas conjugaciones se limita únicamente al sentido atribuido tradicionalmente. Algunos autores llegan al punto de señalar independencia total de cada una de las conjugaciones.[18]

En este capítulo se explican históricamente las teorías acerca de los significados fundamentales de la conjugación *pi'el* desde 1909 hasta 1998 aproximadamente. Las teorías consideradas son: el sentido intensivo con autores como Friedrich Wilhelm Gesenius (1909), Paul Joüon (1923), Rudolf Meyer (1989), N. J. C.

---

[16] Para más detalles, véase: Gary D. Pratico y Miles V. Van Pelt, *Basics of Biblical Hebrew Grammar* (Grand Rapids: Zondervan, 2001), 127; Bartelt, *Fundamental,* 158-161. Este autor agrega un dato muy importante para profundizar más adelante, el *qal* pasivo. Véase, además, Giovanni Deiana y Ambrosio Spreafico, *Guía para el Estudio del Hebreo Bíblico,* 3a edición. trad. Santiago García Jalón (Madrid: Sociedad Bíblica, 1990), (2001), 38; Van der Merwe, Christo H. J., Naudé Jackie A., Kroeze Jan H., *A Biblical Hebrew Reference Grammar* (Sheffield: Sheffield Academic Press, 2000), 73 y J. Weingreen, *A Practical Grammar for Classical Hebrew* (London: Oxford University Press, 1957), 100; Meyer, *Hebreo bíblico,* 227-229.

[17] "Brief Definitions of Hebrew Verbal Forms Which Impact Exegesis", http://www.freebiblecommentary.org/HTML_Common/hebrew_verb_forms.h tml. Aunque en algunas gramáticas no introductorias se encuentra esta explicación, el autor de este artículo destaca por ser uno de los raros autores que incluyen el sentido reflexivo de *hif'il* en un cuadro.

[18] Véase Van der Merwe, *Reference Grammar,* §19-20.

Kouwenberg y Jan Joosten (1998); el sentido factitivo con la posición de Albrecht Goetze (1942), Sabatino Moscati (1964), Ernst Jenni (1968), Wolfram von Soden, Stuart A. Ryder II, Bruce K. Waltke, y M. O'Connor (1990); y el sentido denominativo según Albrecht Goetze (1942) y J. C. Kouwenberg (1998).

2.2 Conceptos históricos acerca del significado de la conjugación *pi'el*

2.2.1 Sentido intensivo como significado básico

La característica morfológica principal de la conjugación *pi'el*, así como de sus contrapartes pasiva *pu'al* y reflexiva *hitpa'el*, se debe a la duplicación de la segunda consonante.[19] Esta característica se encuentra en todas las formas, excepto en los verbos II-Gutural,[20] porque la duplicación es virtual o se compensa por un alargamiento vocálico.[21] Tradicionalmente se ha considerado que la sintaxis de la conjugación *pi'el* se debe a esta característica. De esta manera, se entendía que el sentido de la conjugación duplicada era intensivo.[22] Muchos gramáticos clásicos asumían que la primera función de *pi'el* era la intensiva.

En la 28ª edición aumentada de la gramática de F. W. Gesenius, editada por E. Kautzsch en 1909 y traducida por A. E.

---

[19] La morfología de la conjugación D no se considera aquí. Los interesados pueden leer lo siguiente: John Huehnergard, "Historical Phonology and the Hebrew Piel", en *Linguistics and Biblical Hebrew,* ed. Walter R. Bodine (Winona Lake: Eisenbrauns, 1992), 209-229. Este artículo explica la historia de la fonología de la conjugación *pi'el* en el hebreo bíblico. Véase también Richard C. Steiner, "Yuqaṭṭil, Yaqaṭṭil, or Yiqaṭṭil: D-Stem Prefix-Vowels and a Constraint on Reduction in Hebrew and Aramaic", *Journal of the American Oriental Society* 100/4 (1980): 513-18. Este artículo trata de resolver el problema en cuanto al origen de las vocales en la conjugación D.

[20] John Huehnergard, *A Grammar of Akkadian* (Atlanta: Scholar Press, 2000), 253.

[21] Gary D. Pratico y Miles V. Van Pelt, *Basics of Biblical Hebrew Grammar* (Grand Rapids: Zondervan: 2001), 321.

[22] Kautzsch, *Gesenius' Hebrew Grammar,* §52f.

Cowley para la segunda edición inglesa en 1910, se reconoce el sentido fundamental de la conjugación *pi'el* como intensivo:

La idea fundamental de *Pi'ēl*, a la que todos los diferentes matices de significado de esta conjugación pueden referirse, es *ocuparse con avidez* de la acción indicada por la conjugación. Esta intensificación de la idea de la conjugación, que se expresa exteriormente a través del fortalecimiento de la segunda radical, aparece en casos individuales como—(*a*) el *fortalecimiento* y *repetición* de la acción... *v.g.*, צחק [*qal*] *reír*, Pi'ēl *bromear, burlarse* (reír repetidamente); שאל [*qal*] *preguntar/pedir*, Pi'ēl *rogar;* de ahí, cuando una acción tiene referencia a *muchos*, *v.g.*,קבר [*qal*] *sepultar* (a una persona) Gn 23[4], Pi'ēl *sepultar* (a muchos) 1 R 11[15], y a menudo de esa manera en siríaco y árabe.[23]

En tal obra, se reconoce la conjugación *pi'el* como causativa (como el *hif'il*), además de declarativa y denominativa.[24] Muchas veces hay diferencias marcadas entre el *qal* y el *pi'el,* pero a veces no. No puede ser decisiva la idea de un sentido intensivo de la conjugación duplicada.

Paul Joüon afirmó en 1923 lo siguiente: "La característica de piel es la reduplicación (o mejor dicho, alargamiento) de la 2ª radical".[25] También agregó: "La intensidad del sentido es naturalmente expresada por el alargamiento de la consonante".[26] Según él, la conjugación *pi'el* podría tener otros sentidos: (1) el sentido causativo,[27] aunque el *hif'il* sea la conjugación propiamente causativa; (2) declarativo-estimativo, denominativo y aun adverbial, aunque es muy raro.[28]

---

[23] Kautzsch, *Gesenius' Hebrew Grammar*, §52f. Énfasis del autor.
[24] Ibíd.
[25] Joüon, *Grammaire*, §52d.
[26] Ibíd.
[27] Joüon, *Grammaire*, §52d.
[28] Ibíd.

Al traducir y adaptar la gramática de Joüon, Takamitsu Muraoka se vio obligado a hacer algunos ajustes. Aceptó la parte morfológica, pero modificó la parte sintáctica. En este caso, Muraoka escribió:

La característica formal y prominente del *pi'el* es la reduplicación de la segunda radical. Tradicionalmente se ha considerado que su sentido es intensivo. Es dudoso que exista una relación directa entre esta función y la reduplicación de la segunda radical.[29]

Rudolf Meyer reconoció solamente el sentido intensivo de la conjugación *pi'el*.[30] En su gramática, el autor presenta tres formas verbales: la forma verbal fundamental (*qal*),[31] las formas verbales intensivas (*pi'el*, forma activa; *pu'al* su contraparte pasiva; el *hitpa'el*, la forma reflexiva, correspondiente con una forma pasiva poco usual, el *hotpa'al*)[32] y las formas verbales causativas (*hif'il* y *hof'al*).[33]

Muraoka, en su adaptación de la gramática de Joüon, comentó que, N. J. C. Kouwenberg (1997) defendió con vigor la tesis según la cual el sentido de la conjugación *pi'el* es la acción intensiva. Esto fue seguido por Jan Joosten en 1998. Sin embargo, Muraoka subraya que no es posible explicar todas las categorías semánticas.[34]

La mayoría de los autores explican que, el *pi'el* es

---

[29] Paul Joüon y Takamitsu Muraoka, *Gramática del hebreo bíblico,* trad. Miguel Pérez Fernández de la edición revisada del original inglés. Número XVIII de la serie Instrumentos para el estudio de la Biblia. (Navarra: Verbo Divino, 2007), § 52. Énfasis del autor de la investigación.

[30] Meyer, *hebreo bíblico*, 239-44, 273, 277, 282.

[31] Ibíd., 231-239.

[32] Ibíd., 239-244.

[33] Ibíd., 244-246.

[34] Joüon y Muraoka, *Gramática,* 158, n. 2 con referencia a las siguientes publicaciones: N. J. C. Kouwenberg, *Gemination in the Akkadian Verb: Studia Semitica Neerlandia 32* (Assen, Holanda: Van Gorcum, 1997) y Jan Joosten, "The Functions of the Semitic D Stem: Biblical Hebrew Materials for a Comparative-Historical Approach", *Orientalia* 67 (1998): 202–30.

fundamentalmente intensivo como derivado del árabe. De hecho, Albrecht Goetze confirma lo anterior: "La disposición de las formas verbales que los semitistas emplean de costumbre se origina con los gramáticos árabes".[35] Ellos tomaron la forma perfecta *fa 'ala* 3ms, "él hizo" (en hebreo פָּעַל), de la conjugación I como la base de las demás conjugaciones, ya que no tiene afijos, y las demás conjugaciones se derivaban de ella. Los gramáticos árabes decían en cuanto a función que la conjugación II del árabe servía para "intensificación" o para la expresión de "pluralidad" (también llamada "frecuentificación"). Formas análogas se encuentran en las demás lenguas semíticas, a saber, *pi 'el* en hebreo, *pa 'el* en arameo, la conjugación D en acadio.[36]

2.2.2 Sentido factitivo como significado básico

Albrecht Goetze desafió exitosamente, en 1942, la idea intensiva de la conjugación D.[37] Este autor señaló el concepto errado del significado "intensificación". En realidad, los semitistas admiten que "lo llamado intensivo" tiene otro significado.[38]Además, algunos semitistas reconocen que esta conjugación tiene otras funciones, pero tratan de hacerlas derivar del supuesto significado original, a lo que Goetze llama la "idea romántica"; de que de algún modo la duplicación de la radical refuerza el significado de la raíz básica.[39] Goetze sugiere que la función de la forma debe determinarse por el análisis sincrónico de su uso.[40]Al investigar el acadio,[41] encontró que la conjugación D

---

[35] Albrecht Goetze, "The So-Called Intensive of the Semitic Languages", *Journal of the American Oriental Society* 62/1 (marzo 1942): 1.
[36] Ibíd., 3-4.
[37] Geoffrey Stewart Morrison, "Teaching the Classical Hebrew Stem System (The Binyanim)" (Tesis de Master of Theology, Vancoucer School of Theology, April 1995), 11
[38] Goetze, "The So-Called Intensive", *JAOS*: 2
[39] Ibíd.
[40] Ibíd.
[41] "El acadio es el idioma de los asirios y los babilonios de la antigua

Mesopotamia, es decir, la región 'entre los ríos', el Éufrates y el Tigris (aproximadamente el actual territorio de Irak). El nombre 'acadio' es una traducción del término que los hablantes antiguos usaban para su lenguaje, *akkadûm*, que deriva de Akkad(e), el nombre de la ciudad que aún no ha sido descubierta, construida alrededor de 2300 AEC, establecida por el rey Sargón como su capital. (En tiempos antiguos y modernos el acadio también ha sido llamado 'asirio' y 'babilonio', términos que generalmente se limitan a los dialectos geográficos principales)". Huehnergard, *A Grammar of Akkadian*, xxi.

El sistema verbal acadio se presenta de la siguiente manera (Huehnergard, *A Grammar of Akkadian*):

Tres formas nominales o formas no finitas.

El infinitivo es un sustantivo declinable; en la raíz G tiene el patrón *parās*: por ejemplo, *šakānum* 'colocar, instalar'; *maḫārum* 'recibir'; *šarāqum* 'robar'. Los verbos se presentan en forma infinitiva en los diccionarios modernos del acadio, así como lo hicieron los escribas antiguos en sus léxicos (pág. 17).

El participio es un adjetivo de patrón *pāris*. El participio G es activo en voz (pág. 196).

El adjetivo verbal es una forma asociada con las raíces verbales en todas las conjugaciones. El adjetivo verbal describe la condición o estado que resulta de la acción del verbo de que se deriva. El significado básico de tales adjetivos se determina por la naturaleza semántica de su raíz; en particular: las raíces activo-transitivas tienen adjetivos verbales pasivos como *šarqum* 'robado'; las raíces activo-intransitivas tienen adjetivos verbales resultativos, como en *ḫalqum* 'escapado'; las raíces estativas/adjetivales tienen adjetivos verbales descriptivos simples, como en *damqum* 'bueno', *dannum* 'fuerte' (págs. 25-27).

Las formas finitas, es decir, las formas que se flexionan en cuanto a persona, género y numero; incluyen:

El pretérito denota una acción vista por el hablante/escritor como algo que ocurre o ha ocurrido en un solo punto en el tiempo (por lo tanto, "puntual"). Por tanto, se lo traduce mejor como un tiempo pasado simple: *aškun* 'puse' (pág. 19).

El durativo describe una acción que se lleva a cabo durante un periodo de tiempo (duración; por tanto, no puntual o imperfectivo), o una acción que aún no ha tenido lugar. Por lo tanto, puede traducirse con una amplia gama de tiempos y matices. Los diferentes tipos de acción que denota el durativo se pueden clasificar aproximadamente como sigue: futuro simple, tiempo presente, durativo/circunstancial, habitual (o de costumbre) y modal, que incluye el potencial de acción y la acción probable (págs. 98-99).

El perfecto, de manera general, corresponde al presente perfecto del español. Su uso o significado no se puede limitar a lo temporal, pues tiene otros matices importantes. A modo de conclusión, se puede decir que denota el evento

en hebreo realmente tiene más en común con el acadio que con el árabe. Su estudio se basa en una comparación entre la forma básica estativa y la conjugación duplicada del acadio.[42] Seguidamente se presenta un extracto de la argumentación del autor.[43]

El estativo acadio se puede dividir en tres categorías. El estativo durativo denota una cualidad inherente de una persona o cosa, p. ej., *šalim* "está bien", *orapaš* "es ancho". Este estativo es idéntico a la forma predicativa del adjetivo. Su significado descarta la existencia de un verbo sinónimo del tipo de acción. Cuando un verbo ocurre en el estativo de este tipo, la forma correspondiente *iprus* es resultativa, *išlim* "llegó a estar bien".[44]

El estativo perfecto denota una condición resultado de la acción del sujeto con referencia a una persona o cosa, p. ej. *šakin* "ha colocado". Por tanto, tiene relación con el verbo de tipo de acción. También, aunque menos frecuentemente, se puede utilizar con referencia a un verbo intransitivo, en cuyo caso denota el

---

central de una secuencia de eventos, el evento sobre el que se basa la acción de las cláusulas subsiguientes (pág. 157).

Las formas finitas también incluyen dos formas de mandato: *El imperativo* es la forma utilizada para órdenes; ocurre solo en la segunda persona. La forma del imperativo es esencialmente el pretérito sin prefijo. El imperativo se coloca al final de su cláusula y no se usa nunca en negación (pág. 142).

El precativo expresa un deseo o una orden indirecta. Ocurre en la primera y la tercera personas, no así en la segunda (pág. 144).

Por otro lado, hay dos maneras distintas de expresar el mandato negativo.

El prohibitivo para todos los verbos consiste del adverbio negativo *lā* seguido inmediatamente por el durativo. Se utiliza para expresar órdenes negativas y prohibiciones. Ejemplo: *lā tašappar* 'no envíes, no puedes enviar' (pág. 146).

El vetitivo expresa un deseo negativo, por lo que es menos fuerte que el prohibitivo. Ejemplo: *ē-tamḫurā* 'que no recibáis, no debéis recibir' (págs. 146-147).

[42] Destaca la forma verbal a la que Goetze llama "forma básica estativa", porque corresponde al "adjetivo verbal", John Huehnergard, *A Grammar of Akkadian*, 25-26.

[43] Goetze, "The So-Called Intensive", *JAOS*: 2-5.

[44] Ibíd., 5.

descanso después de movimiento, *wašib* "está sentado".[45]

El estativo pasivo denota un estado de cosas resultado de la acción de otra persona, pero el agente permanece sin especificarse. Este tipo va siempre con verbos transitivos. Se puede llamar participio pasivo en uso predicativo. Cualquier verbo transitivo puede tener tales formas a su par (p. ej. *maḫer* "[es] recibido", *walid* [es] nacido").[46]

El autor encontró fácil hacer un paralelo entre estas tres categorías del acadio con la conjugación D. La conjugación D correspondiente al estativo durativo denota "poner a una persona o cosa en la condición que el estativo indica", p. ej. *šalim* "está bien", *šullumum* "hace saludable".[47]

Los verbos de la conjugación D correspondientes al estativo perfecto transitivo denotan: "hacer que alguien haga algo", p. ej., *labiš* "se ha puesto (ropa)", *lubbušum* "hacer que alguien vista algún vestido".[48] La conjugación D relacionado al estativo pasivo significa: "poner a una persona o cosa en el estado que describe el estativo"; p. ej. "hacer que alguien sea/esté enterrado".[49] En este caso, la diferencia de significado entre las conjugaciones D y B (conjugación básica) es muy ligera. En la conjugación básica, el énfasis recae en la acción realizada, y en la conjugación D en el efecto de la acción; p. ej. "enterrar (un cadáver)" y "hacer que (un cadáver) esté enterrado".[50]

Los verbos con dos estativos (uno perfecto y otro pasivo) poseen una doble conjugación duplicada. P. ej. *ziz* "(está) dividido", *zuzzum* "hacer que (alguien) divida (un patrimonio)", y "hacer que (un patrimonio) esté dividido".

Según Goetze, la conjugación D se deriva de la conjugación estativa, la cual es básicamente una forma nominal.[51] Como una

---

[45] Ibíd.
[46] Ibíd.
[47] Ibíd., 5-6.
[48] Ibíd., 6.
[49] Ibíd.
[50] Ibíd.
[51] Goetze, "The So-Called Intensive", *JAOS*: 6.

forma nominal, la conjugación D en acadio no modifica la raíz verbal, sino se asocia con el uso adjetival de la forma G.[52] Si se deriva de un adjetivo, entonces denota "hacer a una persona o cosa según el adjetivo". En este caso, es factitiva.[53] La función factitiva de la conjugación D del acadio puede ser la misma función de la conjugación D en el semítico occidental. El estudio de Goetze ha revolucionado en cuanto al significado de la conjugación D en los idiomas semíticos, porque sus conclusiones fueron aceptadas generalmente después de él.

Sabatino Moscati, en el libro *An Introduction to the Comparative Grammar of the Semitic Languages*, fechado en 1964, afirma que la función principal de la conjugación D en los idiomas semíticos es factitiva, siguiendo a Goetze. Al lado de esta función principal de la conjugación D, el autor reconoce dos sentidos adicionales de la conjugación en estos idiomas, a saber, el denominativo y el intensivo.[54] Concerniente a este punto Zygmunt Frajzyngier escribió:

> Moscati (1964; 124) afirma que la conjugación geminada "parece tener un significado principalmente 'factitivo', es decir, como causativo en relación con un estado o condición". En eso sigue a Goetze (1942), quien propuso justamente este significado para las conjugaciones geminadas del acadio. Moscati agrega el denominativo y el intensivo como significados adicionales. Ryder (1974) sigue la misma línea en su análisis de los datos semíticos occidentales.[55]

Moscati usa como ejemplo otros idiomas semíticos, como el

---

[52] Waltke y O'Connor, *Biblical Hebrew Syntax*, 398.

[53] Goetze, "The So-Called Intensive", *JAOS*: 6.

[54] Sabatino Moscati, Anton Spitaler Edwaed Ulllendoref y Wolfram von Soden, *An Introduction to The Comparative Grammar of the Semitic Languages: Phonololy and Morphology* (Wiesaden: Otto Harrassowitz, 1979), 124.

[55] Zygmunt Frajzyngier, "Notes on the $R_1R_2R_3$ Stems in Semitic", *Journal of Semitic Studies* 24/1 (primavera 1979): 11.

acadio, el siríaco y el árabe, para sacar sus conclusiones.

Esta conjugación, que se ve atestiguada por toda el área semítica, parece tener un significado principalmente "factitivo", es decir, como causativo en relación con un estado o condición: p. ej., acadio *ibluṭ* "vivió", *uballiṭ* "hizo vivir"; siríaco *ḥəsan* "fue fuerte", *ḥassen* "se fortaleció". A este significado-aspecto hay que añadir el denominativo (p. ej., siríaco *kəlīlā* "corona", *kallel* "coronó") y el aspecto intensivo (p. ej., árabe *kasara* "rompió", *kassara* "destrozó"; acadio *ibtuq* "cortó", *ubattiq* "cortó en pedazos").[56]

La observación de Moscati, a diferencia del estudio de Goetze, pese a su gran valor, no es concluyente en cuanto al significado de la conjugación *pi'el*. Por tal razón, ha habido otros intentos de explicar el significado de la conjugación. A continuación, se explican los puntos de vista de Ernst Jenni y de Bruce K. Waltke y M. O'Connor.

En 1968, Ernst Jenni aceptó el desafío de estudiar los 415 verbos en *pi'el* atestiguados en el hebreo bíblico.[57] Su proyecto se justifica por dos razones: 1) La explicación común de la forma como intensiva o causativa de la conjugación básica no logra explicar el significado real atestiguado de la conjugación *pi'el*; 2) no la describe adecuadamente en comparación con el *qal*, por un lado, y el *hif'il*, por el otro.[58]

---

[56] Sabatino Moscati, et al., *An Introduction to the Comparative Grammar of the Semitic Languages*, 124.

[57] No ha sido posible recurrir a la fuente primaria en este trabajo. Se han utilizado fuentes secundarias fiables para reconstruir la postura de Jenni. La postura de Jenni en cuanto al significado de la conjugación *pi'el* es una de las más actuales. Véase Bruce K. Waltke y M. O'Connor, *An Introduction to Biblical Hebrew Syntax* (1995), 397-417; Geoffrey Stewart Morrison, "Teaching the Classical Hebrew Stem System (The *Binyanim*)" (abril 1995), 12-13; y Delbert R. Hillers, reseña de Ernest Jenni, *Das hebräische pi'el: Syntaktisch-semasiologische Untersuchung einer Verbalform im Alten Testament, Journal of Biblical Literature* 88/2 (junio 1969):212-214.

[58] Delbert R. Hillers, reseña de Ernst Jenni, *Das hebräische pi'el: Syntaktisch-semasiologische Untersuchung einer Verbalform im Alten*

Según el estudio de Jenni, los verbos encontrados en *pi'el* se dividen en dos clases: La primera clase contiene el perfil "*qal* intransitivo/*pi'el* factitivo/*hif'il* causativo" y la segunda clase incluye el perfil "*qal* transitivo/*pi'el* resultativo/*hif'il* causativo".

Los verbos con el perfil básico "*qal* intransitivo/*pi'el* factitivo/*hif'il* causativo" incluyen un centenar de verbos y se dividen en cuatro grupos: Los atestiguados en *qal-pi'el-hif'il* (cerca de 45 verbos); ejemplos: כבד "ser pesado", גדל "ser grande", צדק "ser justo". Los atestiguados en *qal-pi'el* (cerca de 25 verbos); ejemplos: ישן "dormir", טהר "ser limpio"; דשן "engordar". Los atestiguados en *pi'el-hif'il* (8 verbos); ejemplos: פלא "hacer voto", מלט "librar". Y los atestiguados únicamente en *pi'el* (cerca de 20 verbos); ejemplos: בקש "buscar", רמה "engañar", טנף "manchar". Los dos últimos grupos pueden ser tratados como *qal* intransitivo sobre la base de pruebas de lenguas afines y patrones semánticos, pero estos verbos no están atestiguados en *qal*. Por ejemplo, en hebreo, el verbo *glḥ* en *pi'el* "rasurarse, afeitarse" no tiene el *qal* correspondiente; pero el árabe tiene la conjugación simple *jaliḥa* "ser calvo".[59] La conjugación *pi'el* no se deriva de la raíz *qal*, sino de una raíz de otro idioma semítico.

La segunda clase de verbos estudiados por Jenni tiene un perfil resultativo en *pi'el*, "*qal* transitivo/*pi'el* resultativo/*hif'il* causativo". Según Jenni, en esta segunda clase aproximadamente se atestiguan 180 verbos con el perfil en *qal-pi'el-hif'il* y 135 en *pi'el-hif'il*.[60] Así que, una raíz con un *qal* intransitivo que produce un *pi'el* o *hif'il* transitivo tiene el sentido factitivo en *pi'el*, y si una raíz con un *qal* transitivo produce un *pi'el* transitivo el sentido de *pi'el* es resultativo.[61] Delbert Hillers resume el estudio de Jenni de

---

Testament, Journal of Biblical Literature 88/2 (junio 1969): 212-214.

[59] Waltke y O'Connor, *Biblical Hebrew Syntax*, 400.

[60] Ibíd., 404-409.

[61] Geoffrey Stewart Morrison, "Teaching the Classical Hebrew Stem System (The *Binyanim*)" (tesis de M. Th., Vancouver School of Theology, abril 1995), 12-13.

la manera siguiente:

El piel es una conjugación unificada tanto en significado como en morfología, es decir, contrasta con otras conjugaciones del sistema hebreo en ciertas formas características y congruentes. No es intensivo, ni causativo como el hifil. Expresa la realización en la acción del estado descrito por un adjetivo relacionado con la conjugación básica. Donde la idea básica del verbo es intransitiva, el piel es factitivo. Donde la noción verbal básica es transitiva, el piel es resultativo. Esto equivale a decir que los resultados obtenidos anteriormente para el acadio funcionan, con excepciones insignificantes, también para el hebreo bíblico.[62]

Según Jenni, el *pi'el* expresa la noción de efectuar o causar un estado correspondiente al significado básico de la raíz; un estado expresado por una construcción gramatical adjetival. La diferencia está en el significado. Cuando la forma *pi'el* se deriva de una raíz *qal* intransitiva, el *pi'el* es factitivo, y cuando se deriva de una raíz *qal* transitiva, el *pi'el* tiene un significado resultativo. Ejemplos: El *qal* intransitivo גדל "ser grande" se convierte en el *pi'el* "hacer grande, engrandecer" (factitivo); el *qal* transitivo שבר "romper", pasa a ser en *pi'el* "hacer (que esté) roto" (resultativo).[63]

Sin embargo, el estudio de Jenni no es concluyente. En su reseña del libro, Hillers subrayó que Jenni no da suficientes pruebas para sus conclusiones.[64] Según Hillers, Jenni define mal unas categorías gramaticales y semánticas y se confunde a veces en el asunto de la transitividad: hay verbos intransitivos en alemán (el idioma original), que son transitivos en hebreo. Hillers cree que cerca de la mitad de los 47 verbos listados por Jenni (raíz *qal* intransitiva con *pi'el*/*hif'il*), pueden considerarse como transitivos

---

[62] Delbert R. Hillers. Reseña de Ernest Jenni, *Das hebräische pi'el: Syntaktisch-semasiologische Untersuchung einer Verbalform im Alten Testament. Journal of Biblical Literature* (2013): 212-214.

[63] Waltke y O'Connor, *Biblical Hebrew Syntax*, 24.

[64] Hillers, *Reseña de Ernest Jenni*, 212-214.

en algunos de sus usos.[65] Hillers se refiere a los verbos del segundo grupo de la primera clase con el perfil básico "*qal* intransitivo /*pi'el* factitivo /*hif'il* causativo" del grupo *qal-pi'el-hif'il*. Wolfram von Soden, en su gramática estándar del acadio, *Grundriss der akkadischen Grammatik* (1969), en consonancia con Goetze, admitió que la función principal de la conjugación D es factitiva.

La función principal de la conjugación D es factitiva, es decir, expresa sobre todo la producción de una situación que se designaría con el permansivo [es decir, estativo] de la conjugación G... (Por ejemplo, *damiq* 'es bueno': *dummuqum* 'hacer bueno'; *baliṭ* 'estar vivo': *bulluṭum* 'hacer [que esté] vivo, mantener vivo'; *salim* 'es amigable': *sullumum* 'hacer [que sea] amigable, reconciliar').[66]

En 1974, Stuart A. Ryder II publicó un libro titulado *The D-Stem in Western Semitic*.[67] Varios autores después de él han hecho referencia a su libro. En su artículo, Zygmunt Frajzyngier tiene como uno de sus propósitos discutir el debate provocado por Ryder. Él expresa la postura de Ryder de la manera siguiente:

Ryder (1974:165) ha rechazado la hipótesis de que las formas geminadas en hebreo (Pi'ēl) y en árabe (Forma II) son derivadas y afirma, siguiendo a Goetze (1942), que la función de la conjugación geminada es factitiva y que la conjugación tiene una "orientación denominativo-factitiva".[68]

Waltke y O'Connor, citando a Ryder, mencionan su posición en el debate: "Las diversas funciones que [la conjugación D] asumió [en las diversas lenguas semítico- occidentales] son

---

[65] Ibíd.

[66] W. von Soden, *Grundriss der akkadischen Grammatik* (Roma: Pontifical Biblical Institute, 1969), 115, citado por Waltke y O'Connor, *Biblical Hebrew Syntax*, 398.

[67] Stuart A. Ryder, *The D-Stem in Western Semitic* (The Hague: Mouton, 1974), 97, 165.

[68] Zygmunt Frajzyngier, "Notes on the $R_1R_2R_2$ Stems in Semitic", *Journal of Semitic Studies* 24/1 (primavera 1979): 2.

mutuamente coherentes desde el punto de vista de la orientación denominativo-factitiva de la conjugación".[69]

El artículo escrito por Zygmunt Frajzyngier en 1979, "Notes on the $R_1R_2R_2$ Stems in Semitic", al cual ya se ha hecho referencia arriba, tiene dos propósitos: en primer lugar, discutir el problema de los verbos que tienen la estructura de la raíz $R_1R_2R_2$; en segundo lugar, discutir el problema de la forma intensiva del verbo (la así llamada conjugación D) en los idiomas semíticos.[70] El artículo se estructura en base a dos tipos de argumentos: el primero es un análisis sincrónico y la reconstrucción interna de los idiomas semíticos hoy en día; el segundo tipo de argumento se basa en el estudio comparativo de las formas similares en otras lenguas afroasiáticas (camito-semíticas). Los idiomas afroasiáticos considerados en este estudio son el grupo chádico, el kanakuru, los dialectos bereberes, las lenguas cusitas (somalí, galla, agau, sidamo) y el egipcio.[71] Después de este estudio comparativo, el autor concluyó así: "A partir de los datos comparativos y de algunos datos de las lenguas semíticas, es evidente que la función de reduplicación del verbo en el afroasiático era formar la forma intensivo-plural-frecuentativa y factitiva".[72] El artículo confirma, con los argumentos de idiomas semíticos y afroasiáticos, que la duplicación morfológica no implica en sí la intensificación necesariamente como se ha enseñado por años, sino que puede tener sentidos variados entre ellos factitivo e intensivo.

En 1990, Waltke y O'Connor publicaron un capítulo muy extenso sobre el *pi'el*.[73] Su descripción del *pi'el* se basa en el trabajo de Jenni, pero utiliza también a Goetze, Ryder y sus propias investigaciones. Según esos autores, la conjugación *pi'el* es factitiva cuando la forma *qal* del verbo es estativa o intransitiva, y

---

[69] Walke y O'Connor, *Biblical Hebrew Syntax*, 399, citando a Stuart Ryder, *The D-Stem in Western Semitic*, Janua Linguarum, Series Practica 131 (La Haya, Holanda: Mouton, 1974), 97, 167.

[70] Frajzyngier, "Notes on the $R_1R_2R_2$", *JSS*: 2.

[71] Ibíd., 3.

[72] Ibíd., 11.

[73] Waltke y O'Connor, *Biblical Hebrew Syntax*, 396-417.

resultativa cuando la forma *qal* del verbo es transitiva.[74] Waltke y O'Connor reconocen también que los verbos de la conjugación *pi'el* pueden ser denominativos, frecuentativos y mixtos.[75]

2.2.3 Sentido denominativo

El hebreo, similar a otros idiomas semíticos, enriquece su sistema verbal a través de verbos derivados de los sustantivos. A estos verbos se les llaman denominativos. Esta categoría está presente en otras conjugaciones, pero es más frecuente en la conjugación *pi'el*. Por consiguiente, el sentido denominativo de la conjugación *pi'el* ha estado presente en la clasificación de significados de *pi'el* hecha por la mayoría de hebraístas. Independientemente del significado fundamental atribuido a la conjugación *pi'el*, sea intensivo, factitivo o resultativo, se ha aceptado generalmente también el sentido denominativo como una opción.

En la gramática de F. W. Gesenius, las conjugaciones verbales se dividen en tres categorías: las conjugaciones verbales propias o verbos primitivos (las conjugaciones sin ninguna adición), las conjugaciones verbales derivadas o conjugaciones verbales secundarias (derivados de una conjugación pura) y los verbos denominativos (derivados de un sustantivo o de una partícula).[76]

En cuanto al sentido de la conjugación *pi'el*, el autor sostiene el uso intensivo fundamentalmente debido a la duplicación de la segunda consonante.[77] El autor no ignora que algunos verbos en *pi'el* tienen el sentido causativo[78] y muchos verbos de la conjugación *pi'el* son denominativos. En realidad, los verbos de la categoría denominativa se forman frecuentemente de la

---

[74] Ibíd., 396-410.

[75] Ibíd., 400-417.

[76] Kautzsch, *Gesenius' Hebrew Grammar*, §38.

[77] Ibíd., §52.2a

[78] Ibíd., §52.2b

conjugación *pi'el*.[79]

Para Joüon, el sentido fundamental de la conjugación *pi'el* es intensivo. Sin embargo, reconoce el *pi'el* como denominativo y a veces en un sentido privativo.[80] Waltke y O'Connor reconocen también el sentido denominativo. Tomando en cuenta los trabajos de Jenni y Ryder, Waltke y O'Connor explican más ampliamente el significado de la conjugación *pi'el* denominativo, clasificandola en tres tipos básicos: productivo, privativo y númerico.[81]

2.3 Explicación de los conceptos relacionados con la conjugación *pi'el*

Esta parte de la investigación tiene como propósito explicar e ilustrar los diferentes conceptos relacionados con la conjugación verbal *pi'el*. Se explican los usos siguientes: intensivo, factitivo, resultativo, denominativo y causativo.

2.3.1 Intensivo

Se habla del sentido intensivo cuando la conjugación *pi'el* expresa la intensificación de la acción del verbo. Se expresa la intensificación de manera pluralizada, repetitiva y frecuentativa o iterativa.

2.3.1.1 Pluralización

En la sección relacionada a la traducción del capítulo sobre la conjugación *pi'el*, Allen P. Ross escribe que la raíz *pi'el* puede pluralizar la acción del *qal* o sencillamente intensificar su significado.[82] En este trabajo, se entiende pluralización como una manera de expresar la intensificación. La pluralización (o sentido

---

[79] Ibíd., §52.2c

[80] Joüon, *Grammaire*, §52d.

[81] Waltke y O'Connor, *Biblical Hebrew Syntax*, 410-414.

[82] Allen P. Ross, *Introducing Biblical Hebrew* (Grand Rapids: Baker Book House, 2001), 196.

pluralizante) en algunos verbos *pi'el* incluye numerosos sujetos u objetos.[83]

Joüon y Muraoka ilustran el factitivo pluralizante en numerosos sujetos con las raíces שאל ("preguntar") y לקק ("lamer, relamer").[84] La raíz שאל aparece 176 veces en el Antiguo Testamento y casi siempre en *qal*. Se encuentra solamente dos veces en *pi'el*, ambas veces con sujetos numerosos, como se ilustran a continuación:

שָׁאֹל יְשַׁאֲלוּ בְאָבֵל וְכֵן הֵתַמּוּ - "Quien preguntare, pregunte en Abel; y así concluían cualquier asunto". Una traducción palabra por palabra sería "preguntar (*qal* infinitivo absoluto) preguntarán (*pi'el* imperfecto 3ª plural) en Abel y así concluían el asunto" (2 S 20:18).[85] Es debatible el ejemplo de este verbo para confirmar la teoría, porque en el *qal* también se utiliza con sujetos numerosos. En el Salmo 122:6, la forma *qal* se encuentra con numerosos sujetos: שַׁאֲלוּ שְׁלוֹם יְרוּשָׁלָ͏ִם - "Orad (*qal* imperativo masculino plural) por la paz de Jerusalén".

El segundo verbo citado por Joüon y Muraoka para ilustrar el factitivo pluralizante es: לקק ("lamer").[86] וַיְהִי מִסְפַּר הַמֲלַקְקִים בְּיָדָם אֶל־פִּיהֶם שְׁלֹשׁ מֵאוֹת אִישׁ - "y fue el número de los que lamieron (*pi'el*) llevando el agua con la mano a su boca, trescientos hombres" (Jue 7:6).

Conviene también analizar un verbo cuya forma *pi'el* incluye numerosos objetos. El verbo קבר ("sepultar, enterrar") es uno de los verbos utilizados por Joüon y Muraoka para argumentar esta postura.[87] He aquí un ejemplo: בַּעֲלוֹת יוֹאָב שַׂר הַצָּבָא לְקַבֵּר אֶת־ הַחֲלָלִים - "cuando Joab, el general del ejército, subió a enterrar

---

[83] Joüon y Muraoka, *Gramática*, §52d.
[84] Ibíd.
[85] Traducción personal y literal del texto.
[86] Joüon y Muraoka, *Gramática*, §52d.
[87] Ibíd.

(*pi'el*) a los muertos" (1 R 11:15). El verbo tiene numerosos objetos refiriéndose a "la gran cantidad de muertos". Esto corrobora verosímilmente la teoría. Sin embargo, en otros casos la conjugación *qal* de esta misma raíz se utiliza con numerosos objetos. He aquí dos ejemplos:

- Primero, וַיִּקְחוּ אֶת־עַצְמֹתֵיהֶם וַיִּקְבְּרוּ תַחַת־הָאֶשֶׁל בְּיָבֵשָׁה "tomaron (*qal*) los huesos y los sepultaron (*qal*) debajo de un árbol" (1 S 31:13). Los dos verbos encontrados en la oración tienen el mismo objeto directo ("huesos") y un sustantivo en plural. La teoría según la cual un verbo expresa la pluralización en *pi'el* cuando señala numerosos objetos no se aplica. Otro ejemplo más que refuta esta teoría se encuentra en Josué 24:32. En ese verso, el verbo se utiliza con un objeto numeroso en *qal*. ... וְאֶת־עַצְמוֹת יוֹסֵף קָבְרוּ בִשְׁכֶם "y los huesos de José... los sepultaron en Siquén".

2.3.1.2 Iterativo/frecuentativo

El término "iterativo" describe eventos que ocurren repetida o regularmente.[88] El verbo con sentido iterativo indica una acción que se repite frecuentemente. Algunas raíces verbales en *pi'el* expresan la repetición de la acción de la conjugación *qal*; de esta manera la intensifican. Este uso frecuentativo o iterativo ocurre con los verbos que en *qal* expresan movimiento físico, esfuerzo o proyección de la voz.[89] A esta categoría, Waltke y O'Connor la llaman "frecuentativa" y añaden verbos que denotan expectación.[90]

Dentro de los verbos que denotan movimiento físico, se va a repetir los dos ejemplos utilizados por Waltke y O'Connor para comentarlos después. Estos verbos son דָּלַג ("saltar") y הָלַךְ ("caminar, pasear").[91] En seguida se analizará un ejemplo de cada conjugación en estas raíces.

---

[88] Bussmann, *Routledge Dictionary*, 244.
[89] G. Pratico & Van Pelt, *Basic Biblical Hebrew*, 308.
[90] Waltke & O'connor, *Biblical Hebrew Syntax*, 414.
[91] Ibíd., 415.

כָּל־הַדּוֹלֵג עַל־הַמִּפְתָּן

"todos los que saltan (*qal*) sobre el umbral" (Sof 1:9)

הִנֵּה־זֶה בָּא מְדַלֵּג עַל־הֶהָרִים

"He quí, él viene, saltando (*pi'el*) por los montes" (Cnt 2:8).

וַיֵּלְכוּ שְׁנֵיהֶם יַחְדָּו

"Y los dos iban (*qal*) juntos" (Gn 22:6).

עָרוֹם הִלְּכוּ בְּלִי לְבוּשׁ

" Al desnudo hacen andar sin vestido" (Job 24:10).

En la primera raíz, la forma *pi'el* denota la repetición del movimiento: "él viene saltando". Sin embargo, quizás la conjugación *pi'el* de la segunda raíz denote repetición, porque tiene el sentido causativo.

Un ejemplo de un verbo de proyección de voz sería צעק: en *qal* "gritar"; y en *pi'el* "gritar, chillar, quejarse". עַל־כֵּן הֵם צֹעֲקִים

לֵאמֹר נֵלְכָה נִזְבְּחָה לֵאלֹהֵינוּ – "y por eso me ruegan (*qal*): "Déjanos ir a ofrecerle sacrificios a nuestro Dios" (Éx 5:8, NVI).

וְהוּא מְצַעֵק אָבִי אָבִי רֶכֶב יִשְׂרָאֵל וּפָרָשָׁיו - "Y clamaba (*pi'el*): ¡Padre mío, padre mío, carro de Israel y su gente de a caballo!" (2 R 2:12).[92] Este mismo verbo se traduce por "gritar" en la Biblia del Peregrino, en la RV95 y otras versiones. Con certeza a la luz de estos ejemplos, la conjugación *pi'el* intensifica la acción de la conjugación *qal* repitiéndola.

En cuanto a la esperanza y expectativa, Waltke y O'Connor emiten su posición respecto a estos verbos en contraste a Jenni. Según Jenni, la forma *qal* expresa una esperanza general sin un propósito definido, mientras que la conjugación *pi'el* conlleva un propósito definido. Según ellos, podrían ser mejor explicados como frecuentativo *versus* no frecuentativo.[93]

וְלָכֵן יְחַכֶּה יְהוָה לַחֲנַנְכֶם וְלָכֵן יָרוּם לְרַחֶמְכֶם כִּי־אֱלֹהֵי מִשְׁפָּט יְהוָה

אַשְׁרֵי כָּל־חוֹכֵי לוֹ – "Por tanto, Jehová esperará (*pi'el*) para tener

---

[92] Ibíd., 415.
[93] Ibíd.

piedad de vosotros, y, por tanto, será exaltado teniendo de vosotros misericordia; porque Jehová es Dios justo; bienaventurados todos los que confían (*qal)* en él" (Is 30:18).

La raíz חכה ("esperar") se encuentra en las dos conjugaciones en el texto. La forma *pi'el* expresa una aplicación específica: Dios esperará para tener piedad. Esto implica que Dios espera un momento determinado. La forma *qal* expresa un principio general: "bienaventurados todos los que confían". El siguiente verbo a considerar es קוה ("confiar, esperar"). He aquí dos ejemplos en seguida: וְקוֹיֵ יְהוָה יַחֲלִיפוּ כֹחַ - "los que esperan (*qal)* en Jehová tendrán nuevas fuerzas;... " (Is 40:31). En Is 5:2 se encuentra el uso de la forma *pi'el* de la misma raíz:

וַיְקַו לַעֲשׂוֹת עֲנָבִים וַיַּעַשׂ בְּאֻשִׁים

"y esperaba (*pi'el)* que diese uvas, y dio uvas silvestres".

En este contexto, posiblemente el verbo *pi'el* sea iterativo, porque el dueño de la viña esperó muchos años. La conjugación *qal* en Is 40:31 expresa un principio general, aunque si se considera el contexto general del pasaje, puede expresar la esperanza del retorno del pueblo del cautiverio.

Se pueden agregar a esta lista los verbos siguientes: צחק en *qal* "reír" y en *pi'el* "bromear, burlarse (reír repetidamente)"; שאל en *qal* "preguntar, pedir" y en *pi'el* "rogar, mendigar". De igual manera, otros dos que denotan actividades individuales o puntuales en *qal* y actividades profesionales en *pi'el*: נאף ("cometer adulterio"), כתב ("escribir"). Los 16 usos en *qal* de נאף denotan actividades individuales (Lev 20:10; Éx 20:14) y los 15 usos *pi'el* denotan un comportamiento acostumbrado con varios compañeros (Is 57:3; Pr 30:20). El *qal* de כתב significa "escribir" (Jer 36:18; Gn 3:7) y en *pi'el* describe la acción de una casta profesional (Is 10:1; Ez. 13:18).[94]

Estos verbos mencionados *supra* y otros clasificados como iterativos son explicados equivocadamente como resultativo por Jenni, según Waltke y O'Connor.[95] Según ellos, Jenni falló al no tomar en cuenta ciertos hechos: estos verbos son intransitivos en *qal* y tienden a no tomar un objeto directo en *pi'el*. Pues una de las características sintácticas de los verbos iterativos en *pi'el* es la intransitividad de la forma *qal*. Por lo tanto, los autores prefieren interpretarlos como frecuentativo, siguiendo los pasos de Stuart Ryder y Goetze.[96] De hecho, Ryder encontró 40 verbos pertenencientes a este sentido en *pi'el*.[97] En todo caso, los estudios de Jenni no son concluyentes en cuanto al sentido resultativo.

2.3.2 Factitivo

En esta sección de la investigación, se define el concepto factitivo según se entiende en los idiomas indoeuropeos (inglés, español, francés entre otros) y en el idioma hebreo. Luego se hace una clasificación de los verbos factitivos en *pi'el* en el hebreo bíblico. Antes de concluir, se hará una diferencia entre el *hif'il* y el factitivo.

2.3.2.1 Definición

Sintácticamente, un verbo factitivo se caracteriza por ser un verbo estativo o intransitivo en *qal* y transitivo en *pi'el*.[98] Semánticamente, es una construcción en la cual una causa produce un estado. He aquí algunos verbos *pi'el* factitivo: גָּדַל "fue grande", גִּדֵּל "hizo grande, magnificó" קָדַשׁ "ser santo", קִדֵּשׁ "hizo santo, santificó"; קָלַל "fue liviano", קִלֵּל "trató livianamente, maldijo";

---

[94] Ibíd., 416.

[95] Waltke & O'Connor, *Biblical Hebrew Syntax*, 414.

[96] Ibíd., 415.

[97] Ibíd., 414.

[98] Ross, *Introducing*, 196; Lambdin, *Introduction*, 193.

חָיָה"vivió", חִיָּה "hizo vivir"; אָבַד "pereció, desapareció", אִבַּד "hizo desaparecer a alguien"; טָמֵא "fue inmundo", טִמֵּא "contaminó, hizo inmundo".

2.3.2.2 Clasificación de los factitivos

"El *pi'el* factitivo", escriben Waltke y O'Connor, "puede ser el resultado de una causalidad sensorial, un resultado 'real' disponible a los sentidos físicos, o de una causalidad psicológica o lingüística, un cambio mental o un acto de habla que refleja un cambio mental".[99] El factitivo es el resultado de una causalidad sensorial, es decir, resultado de los sentidos físicos (objetivo) o de una causalidad psicológica o lingüística (subjetivo). Se distingue entre el factitivo real y el factitivo declarativo o delocutivo.[100]

2.3.2.2.1 Factitivo real /verdadero

Según Waltke y O'Connor, "un *factitivo 'real'* se refiere a un hecho objetivo, un evento que puede ser visto o sentido aparte de los participantes".[101] El verbo חלה ("estar enfermo, sentir dolor"), utilizado por Waltke y O'Connor, servirá para ilustrar el factitivo verdadero. Es una raíz *qal* intransitivo atestiguado en las siete conjugaciones.[102]

חָלִיתִי הַיּוֹם שְׁלֹשָׁה
"Hace tres días caí enfermo (*qal*)" (1 S 30:13).

הִכּוּנִי בַל־חָלִיתִי
"Me hirieron, mas no me dolió (*qal*)" (Pr 23:35).

El verbo empleado en la traducción de Proverbios 23:35 no es transitivo, pero sí lo es el verbo en 1 S 30:13 y Gn 48:1, aunque

---

[99] Waltke & O'connor, *Biblical Hebrew Syntax*, 401.
[100] Ibíd., 401-404.
[101] Ibíd., 401.
[102] Ibíd.

lo es en hebreo חֹלֶה אָבִיךָ הִנֵּה לְיוֹסֵף וַיֹּאמֶר – "dijeron a José: He aquí

tu padre está enfermo (*qal*)" (Gn 48:1). יְהוָה חִלָּה־אֲשֶׁר תַּחֲלֻאֶיהָ־וְאֶת

בָּהּ - "y sus enfermedades de que Jehová la habrá hecho enfermar

(*pi'el*)" (Dt 29:21). La forma *pi'el* es factitiva, porque el sujeto

(Jehová) provoca la enfermedad (provoca un estado de

enfermedad). También es factitiva verdadera, porque alguien más

puede darse cuenta de la enfermedad del pueblo.

2.3.2.2.2 Factitivo declarativo /delocutivo

El *pi'el* hace verbal o mental la acción de algunos verbos en

qal, particularmente los verbos estativos. Muraoka escribe que

"esta categoría [*pi'el* declarativo] puede ser subsumida en la

factitiva en cuanto que la factitiva denota la generación de un

estado o una cualidad real y físicamente, y declarativa-estimativa

lo hace solo mental o verbalmente".[103] Si hay acuerdo en cuanto a

esta categoría de *pi'el* factitivo, no la hay en cuanto a la

nomenclatura. Por ejemplo, Waltke y O'Connor lo llaman

"factitivo psicológico/lingüístico". Jenni prefiere la apelación

"declarativo-estimativo".[104] Otros autores, como es el caso de

Delbert Hillers, prefieren el término "verbos delocutivos".[105] En

esta investigación se adopta la denominación "delocutivo".

En los idiomas semíticos, se produce el fenómeno de los

verbos delocutivos, es decir, verbos derivados de una locución. En

árabe *ḥamdalla* ("alabó a Alla") o en hebreo הֵן ("decir que sí") de

la locución הֵן ("sí") son algunos ejemplos de verbos delocutivos.

Un buen ejemplo, según Faur, es ותהינו - "Ustedes dijeron: sí" (Dt

1:41).[106] Los verbos delocutivos en hebreo se derivan de

locuciones tales como una fórmula religiosa o legal.

---

[103] Joüon y Muraoka, *Gramática,* § 52d.
[104] Waltke y O'connor, *Grammar Hebrew Syntax,* 402.
[105] Ibíd.
[106] Faur, "Delocutive Expressions", *JANES* : 43.

Delbert R. Hillers intentó demostrar que el término ha sido útil también para el hebreo bíblico. Escribió su artículo utilizando fórmulas legales.[107] El autor considera los verbos צדק/הצדיק y

הרשע ("decir que alguien está en lo correcto" y "decir que alguien está en lo equivocado" respectivamente).[108] Estos verbos, por supuesto, han sido explicados como casos de declarativo o estimativo *pi'el* o *hif'il*. Sin embargo, según el autor, es mejor explicarlos como delocutivos, porque צדק/הצדיק no significa "hacer a alguien justo" o "comportarse como justo" como se esperaría de la analogía con גָּדַל (*qal*) "ser grande" de גָּדוֹל (adj.) "grande" y con las formas *pi'el* גִּדֵּל "hizo grande, magnificar" y *hif'il* צדק / הצדיק הגדיל "decir que alguien está en lo recto".[109] Lógicamente, debe preguntarse con cual locución se relacionan estos verbos. Hillers contesta que "es la forma de palabras que se había utilizado en el anuncio de una decisión judicial. Así mismo, es pronunciarse sobre los aciertos y los errores de otras situaciones.[110] Se puede tomar como ejemplo un extracto del discurso de Faraón a Moisés:

יְהוָה הַצַּדִּיק וַאֲנִי וְעַמִּי הָרְשָׁעִים

"Jehová es justo, y yo y mi pueblo impíos" (Éx 9:27). Es similar en 1 S 24:18; 2 R10:9; Jer 12:1; Sal 119:137; Lm 1:18; Esd 9:15; Neh 9:33; 2 Cr 12:6.[111]

Hillers estudió otros dos términos legales en el hebreo bíblico, clasificados como *pi'el* declarativo por otros autores, pero entendidos mejor como verbos delocutivos. Los dos términos estudiados por el autor son: טהר ("declarar ritualmente puro") y טמא ("declarar ritualmente impuro"). En el caso del primer

---

[107] Delbert R. Hillers, "Delocutive Verbs in Biblical Hebrew", *Journal of Biblical Literature*, 86/ 3 (1967): 320-324.

[108] Ibíd.

[109] Ibíd.

[110] Hillers, "Delocutive Verbs in Biblical Hebrew", 321.

[111] Ibíd.

término, no hay una cita directa de la fórmula, pero se cree que se debe a las instrucciones de los sacerdotes en Lev. 13 al decir טָהוֹר הוּא ("¡Es puro!").[112]

Para el segundo término, hay una cita directa en Hag 2:13-14: "Y dijo Hageo: Si un inmundo a causa de cuerpo muerto tocare alguna cosa de estas, ¿será inmunda? [הֲיִטְמָא] Y respondieron los sacerdotes, y dijeron: Inmunda será [יטמא]" (2:13). Y respondió Hageo y dijo: "Así es este pueblo y esta gente delante de mí, dice Jehová; y asimismo toda obra de sus manos; y todo lo que aquí ofrecen es inmundo".

Para explicar los verbos delocutivos en el hebreo, José Faur abunda en el sentido religioso. Su campo favorito es la liturgia. En su artículo "Delocutive Expressions in the Hebrew Liturgy" escribe: "la liturgia hebrea es rica en verbos delocutivos. El factor que contribuye a la frecuencia de este tipo de verbos es la antífona".[113] Según el *Diccionario de la Música* de Michel Brenet:

> La palabra antífona derivada del griego *anti* "contra", *pone* "canto, voz, sonido", significa, por consiguiente, contra canto o canto alterno, pues en su origen se cantaba por dos coros que se respondían alternativamente comprendiéndose bajo el nombre antífona, todo lo que era cantado en la iglesia por dos coros: los himnos y los salmos.[114]

Faur explica cómo se hacía este tipo de antífona: "En este tipo de antífona el público o el coro respondía a la invitación del chantre cantando una canción o una fórmula que contenía o empezaba con el mismo término base que el chantre había utilizado para convocar al canto".[115]

Como ejemplo se puede mencionar רוֹמְמוּ יְהוָה אֱלֹהֵינוּ -

---

[112] Ibíd., 323-324.

[113] Faur, "Delocutive Expressions", *JANES*: 44.

[114] Michel Brenet, *Diccionario de la Música, histórico y técnico*, trad. por J. Ricart Matas *et al* (Barcelona: Leberia, 1942), 29.

[115] Faur, "Delocutive Expressions", *JANES*, 44.

"Exaltad (*polel*) a Jehová nuestro Dios" (Sal 99:5), וּנְרוֹמְמָה שְׁמוֹ

יַחְדָּו - "Y exaltemos (*polel*) a una su nombre" (Sal 34:3). En los dos casos, la raíz רום se encuentra en polel.[116] La raíz רום significa "ser alto, alzarse, estar en alto" en *qal* y "exaltar" en *polel*. Faur le atribuye como delocutivo "proclamar [Dios es] alto".[117] Otro término es הללו "alabad a..." que significa actualmente "decir" הללויה.[118] Interesantemente, la tendencia de traducir la expresión הללו־יה "alabad a Yah" como sustantivo "aleluya" se encuentra más en el idioma español. En las versiones en inglés se traduce *praise the Lord* ("alabad al Señor"). En francés, en las versiones clásicas como *Louis Segond*, se traduce como *Louez L'Eternel* ("Alabad al Eterno")[119] y Darby traduce *Louez Jah* ("Alabad a Jah").[120] Otro término posible para explicar el concepto delocutivo en hebreo es הודו ("dad gracias"): הודו לי הוה בכנור - "agradeced a Jehová con arpa".

2.3.2.3 Diferencia entre *pi'el* factitivo y el *hif'il* causativo

No cabe ninguna duda que la conjugación *pi'el* es también causativa. F. W. Genesius, E. Kautzsch y A. E. Cowley, creen que el significado fundamental es intensivo, y también tiene un valor causativo.

La búsqueda ansiosa de una acción puede también consistir en instar y hacer que otros hagan lo mismo. Por lo tanto, tiene también *Pi'ēl* -- (b) un sentido causativo como el hifil, por ejemplo, למד *aprender*, *Pi'ēl enseñar*. A menudo puede ser vertido por frases tales como *permitir a, declarar o*

---

[116] *pol'el* es una conjugación menor equivalente a la forma *pi'el* en los verbos vacíos. Se dedica Una sección de este capítulo a a este grupo de verbos.

[117] Faur, "Delocutive Expressions", *JANES* : 44.

[118] Ibíd., 45.

[119] La Sainte Bible, Nouvelle version Segond Révisée, 3e édition.

[120] Versión de Jean François Darby, consultada en Bibleworks.

considerar como (*Pi'ēl* declarativo), *ayudar a*, por ejemplo חִיָּה hacer vivir, צדק declarar inocente, יִלֵּד ayudar en el parto.[121]

Muchos autores, sin importar el significado primordial (intensivo, factitivo, etc.) para la conjugación *pi'el*, señalan que algunas raíces en *pi'el* tienen un sentido causativo. El causativo es conocido por ser el sentido principal de la conjugación *hif'il*. Por tal motivo, surgen las preguntas acerca de las diferencias entre el *pi'el* y el *hif'il* causativo. A pesar de los esfuerzos, no se ha encontrado diferencias significativas entre las dos conjugaciones. Al comparar el *pi'el* factitivo y el *hif'il* causativo, según las investigaciones de Waltke y O'Connor y el trabajo de Jenni, Muraoka opina lo siguiente:

> Normalmente se asocia causativo con el *hif'il*, y ciertamente algunos verbos como אָבַד y קָדַשׁ se conjugan en *pi'el* y *hif'il* con apenas diferencia de matiz o significado. A pesar de su extensa discusión, Waltke- O'Connor (1990: 435-41), en nuestra opinión, no han demostrado ninguna diferencia significativa entre los miembros de uno y otro par. Lo mismo cabe decir de la reformulación de Jenni (2000: 76s) de una aducida oposición entre *pi'el* אבד y *hif'il* אבד: él impone una supuesta oposición —*achievement vs. accomplishment*— [éxito opuesto a logro] a los dos ejemplos, oposición que no surge ni se deduce de las situaciones en cuestión. Apenas es posible distinguir entre el *pi'el* y el *hif'il* así usados: p.ej., בְּפִיו וּבִשְׂפָתָיו כִּבְּדוּנִי (Is 29, 13: "... y con sus labios me honra" frente a אָבִיךָ הִכְבִּיד אֶת־עֻלֵּנוּ (1 Re 12,10: tu padre endureció nuestro yugo", pero כַּאֲשֶׁר כִּבְּדוּ מִצְרַיִם וּפַרְעֹה אֶת־לִבָּם (1 Sam 6,6: "como los egipcios y

---

[121] Kautzsch, *Genesius Hebrew Grammar*, § 55g.

el faraón *endurecieron* su corazón"); el *pi'el* y el *hif'il*de חיה son frecuentemente intercambiables (Rubinstein 1979: 67s.).[122]

En la mayoría de los casos, no hay diferencias notables entre el *pi'el* factitivo y el *hif'il* causativo. Algunas veces llegan a ser intercambiables.

2.3.3 *Pi'el* resultativo

Se refiere a un grupo de verbos en los cuales la noción verbal del transitivo se presenta como un estado final, es decir, un resultado.[123] "El *qal* puede describir el verbo como un proceso que ocurre, mientras el *pi'el* describe el resultado de este proceso".[124] A continuación se presentan dos ejemplos:

(1) אִם־אַתָּה הֲכִינוֹתָ לִבֶּךָ וּפָרַשְׂתָּ אֵלָיו כַּפֶּךָ

"Si diriges bien tu corazón y extiendes (*qal*) a Él tu mano" (Job 11:13 LBLA).

(2) פֵּרַשְׂתִּי יָדַי כָּל־הַיּוֹם אֶל־עַם סוֹרֵר

"Extendí (*pi'el*) mis manos todo el día a un pueblo rebelde" (Is 65:2).

En el primer ejemplo, la acción aún no se ha producido y en el segundo ejemplo se obtiene el resultado de una acción producida y solo ocurre los resultados. Aunque el proceso y el resultado se indican por el tiempo de los verbos en español, no es así en hebreo, porque el tiempo es perfecto en las dos conjugaciones.

Los eruditos se han inclinado mayormente por los verbos fientivos transitivos para estos estudios. Un verbo fientivo describe una acción, es decir, el sentido funcional de la conjugación *qal*

---

[122] Joüon y Muraoka. *Gramática,* 162, n. 20.
[123] Waltke y O'Connor, *Biblical Hebrew Syntax*, 404-409.
[124] Christo H. J. van der Merwe, Jackie A. Naudé y Jan H. Kroeze, *A Biblical Hebrew Reference Grammar* (Sheffield England: Sheffield Academic Press, 2000), 80.

activo.[125] Esta designación equivale a lo dicho por Joüon: "verbos de acción". Joüon divide los verbos de la conjugación *qal* en dos: los verbos de acción y los verbos estativos. Los verbos de acción pueden subdividirse en transitivos e intransitivos.[126] Los verbos de acción *qal* transitivos o fientivos transitivos son los que entran en juego para el *pi'el*; resultativo.

Según Wolfram Von Soden, los verbos transitivos fientivos de la conjugación D en acadio, a veces, indica el estado resultante, por ejemplo: *ṣabātum* "agarrar", *ṣabbutum* "conservar agarrado"; *paṭārum* "descargar", *puṭṭurum* "romper"; *zâzum* "dividir"; *zu"uzu* "distribuir"; *ṭarādum* "enviar"; *ṭurrudum* "echar".[127] Jenni, uno de los más destacables en el tema, entiende el *qal* fientivo como un verbo que expresa un acto o un evento, y el *pi'el* como el resultativo.

En la opinión de Jenni, la raíz qal de los verbos fientivos representa la idea verbal como un acto, un evento. En contraste con la raíz piel, que contempla un resultado logrado, qal ve la acción en su ejecución, en su curso, "*in actu*". Jenni emplea el término *actualis*.[128]

Según Waltke y O'Connor, "La conjugación piel de los verbos qal transitivos señala la causa del estado correspondiente según el significado verbal de la raíz qal, un estado que puede describirse en términos de una construcción adjetival".[129] Morrison resume la relación entre *pi'el* y el *qal* transitivo de la manera siguiente: "El *pi'el* pone el objeto en el estado indicado por la raíz verbal. Mientras el *qal* se centra en la acción, el *pi'el* se centra en

---

[125] John J. Parson, "The Qal perfect-Stative verbs", http://www.hebrew4christians.com/Grammar/Unit_Ten/Qal_Stative/qal_stative.html.

[126] Joüon, *Grammaire*, § 41.

[127] Citado por Waltke y O'Connor, *Biblical Hebrew Syntax*, 405, Wolfram Von Soden, *Grundriss der akkadischen Grammatik*, 116.

[128] Waltke y O'Connor, *Biblical Hebrew Syntax*, 406.

[129] Ibíd., 405.

el estado resultante y en los medios del cumplimiento del estado no expresado".[130]

En resumen, el *pi'el* resultativo en la conjugación *qal* y *pi'el* se clasifica como fientivo transitivo. El *qal* indica el proceso y el *pi'el* el resultado de la acción. Por un lado, si el resultado expresa una realidad, es decir, una acción directa, una metáfora; se habla de resultativo simple[131]; por otro lado si el resultado expresa una acción indirecta (que no es real) se habla de resultativo irreal.[132] A continuación, hay dos ejemplos:

כֵּן עָשׂוּ בְנֵי יִשְׂרָאֵל וַיַּחְלְקוּ אֶת־הָאָרֶץ

"Así hicieron los hijos de Israel, y repartieron (*qal*) la tierra" (Jos 14:5)

וַיְכַלּוּ מֵחַלֵּק אֶת־הָאָרֶץ

"y así terminaron de repartir (*pi'el*) la tierra" (Jos 19:51).

Ambas formas expresan la acción de repartir la tierra: *qal* enfatiza el proceso de la acción y *pi'el* el resultado.

Y ahora un ejemplo de resultativo irreal:

וַיִּזֶר עַל־פְּנֵי הַמַּיִם

"y lo esparció (*qal*) sobre el agua..." (Éx 32:20)

מְזָרֶה רְשָׁעִים מֶלֶךְ חָכָם

"El rey sabio avienta (*pi'el*) a los malvados..." (Pr 20:26).

La forma *qal* indica algo real, una acción fundamental (esparcir agua); mientras que la forma *pi'el* indica una metáfora (aventar). Gotthelf Bergsträsser quiso generalizar esta teoría, porque según él, el *qal* tiene un sentido fundamental y el *pi'el* un sentido metafórico.[133] Sin embargo, no se puede generalizar,

---

[130] Morrison, "Hebrew Stem System", 14.
[131] Waltke y O'Connor, *Biblical Hebrew Syntax,* 406.
[132] Ibíd., 405.
[133] Waltke y O'Connor, *Biblical Hebrew Syntax*, 407, citado de Gotthelf Bergsträsser, *Introduction to the Semitic Languages*, (1983): §17a.

porque en unos casos el *qal* también se utiliza como metáfora.

2.3.4 *Pi'el* denominativo

Los verbos denominativos son aquellos verbos que no provienen de una raíz verbal original, sea transitivo o intransitivo; sino de sustantivos, adjetivos o numerales[134] y aun participios.[135] En seguida se presenta algunos ejemplos: כֹּהֵן "sacerdote" (Gn 14:18), el verbo כִּהֵן "oficiciar como sacerdote" (Éx 40:13), שָׁלֹשׁ "tres" (Gn 5:20), y el verbo שִׁלֵּשׁ "dividir en tres, hacer por tercera vez" (Dt 19:3). Los idiomas semíticos, además del hebreo bíblico, enriquecen su sistema verbal a través de formas denominales. En el acadio, muchos verbos tienen un origen denominativo, por ejemplo, *akadāru*, "establecer límites", de *kudduru* "mojón".[136]

Aunque se encuentra una cantidad mayor de verbos denominativos en *pi'el*, esta categoría se encuentra también en *qal* por ejemplo: אָהַל "acampar" de אֹהֶל "tienda", [137] *hif'il* שָׁכֵם

---

[134] Joüon y Muraoka, *Gramática*, §52d; Kouwenberg, *Gemination in the Akkadian*, 304; Ross, *Introducing*, 196.

[135] Kautzsch, *Gesenius' Hebrewv Grammar*, §38c.

[136] Kouwenberg, *Gemination in the Akkadian*, 306.

[137] Sintácticamente los verbos en *qal* que derivan de un sustantivo pueden ser fientivos o estativos. Algunos verbos fientitivos son: אָהַל "acampar", de אֹהֶל "tienda"; אָצַל "retirar, quitar, apartar, separar", de אֵצֶל "lado"; חגג "festejar, celebrar una fiesta" de חַג "fiesta, celebración, procesión"; חָרַף "invernar" de חֹרֶף "invierno". Veinte verbos denominativos *qal* son fientivos.

Algunos verbos *qal* denominativos estativos: בָּעַל "ser señor, dueño, amo, señorear" de בַּעַל señor; בָּעַר "ser necio, bruto, bestial" de בַּעַר "necio, torpe, ignorante"; הָבֵל "desvanecer, vaciar", הֶבֶל "suspiro, nulo"; מָלַךְ "ser o llegar a ser rey", מֶלֶךְ "rey". Semánticamente es dificil encontrar maneras específicas de clasificar los verbos, porque normalmente el significado de los verbos depende de los significados de los sustantivos.

"madrugar, darse prisa" de שְׁכֶם "hombro, espalda"[138] y, por supuesto, en la conjugación D (*pi'el, pu'al* y en *hitpa'el*). No es posible llegar a una conclusión en cuanto al sentido de los verbos denominativos en las conjugaciones anteriores. Se ha intentado clasificar semánticamente los verbos denominativos *pi'el* en tres categorías, por lo menos: privativo, productivo, numérico.

---

[138] El *hif'il* como el *nif'al, pi'el* y *qal* tiene una función denominativa porque "se usa también para formar verbos con significados cercanamente relacionados a sustantivos". Se ha descubierto que el *hif'il* denominativo tiene sentido adverbial de tiempo o de lugar y los demás se relacionan con las partes del cuerpo. En primer lugar, los verbos relacionados con tiempo y lugar son: עֶרֶב "noche"; עָרַב en *hif'il* la forma es וְהַעֲרֵב "hacer algo de/en la noche o en la tarde o trasnochar" (1 S 17:16), שְׁכַם "madrugar, darse prisa supuestamente" de שְׁכֶם "hombro". No se sabe exactamente la relación que existe entre el sustantivo y el verbo. וְאִם־הַיָּמִין וְאַשְׂמְאִילָה וְאֵימִנָה "y si tú [fueras] a la derecha, yo iré a la izquierda" de יָמִין "mano derecha" (Gn 13:9). En segundo lugar, los que se relacionan con partes del cuerpo: אָזַן de אֹזֶן "oído", se utiliza solamente en *hif'il* significa "escuchar, prestar atención, hacer caso, prestar oído" (Sal 77:2). El verbo לָשַׁן "mentir, difamar y *hif'il* calumniar" לָשׁוֹן "lengua", ocurre solamente en dos formas verbales en el Antiguo Testamento; una vez en *po'el* y otra vez en *hif'il* (Sal 101:5, Pr 30:10). El sustantivo שֹׁרֶשׁ "raíz" existe en las formas que corresponden a *pi'el*; por ejemplo *po'el* "echar raíces"; *po'al* "echar raíces" y la forma *hif'il* significa "echar raíces", el mismo significado que *pi'el*, prácticamente (Is 27:6; Sal 80:10, Job 5:3); אור "ser luz, llegar a ser luz, brillar"; en *hif'il* "iluminar, dar luz, resplandecer, hacer brillar". Este último corresponde al ugarítico ('ōr), "ser brillante, iluminar" y del acadio, urru "día"; הִמְטִיר "producir la lluvia, hacer llover" de מָטָר "lluvias, tormenta de agua" (Gn 2:5). Aunque es más fácil clasificar semánticamente los verbos denominativos *hif'il*, pero hay que darse cuenta que el sentido depende siempre del sustantivo. Véase Ross, *Manual*, 208. Para la discussion sobre el término שכם "hombro", véase Victor P Hamilton, "שכם", *TWOT*, 2: 2386; P. P.Jenson "שכם", *NIDOTTE*, 108 y O'Connor, *Biblical Hebrew Syntax*, 444. Por el tema de la luz véase M. SÆØ, "אור" *DTMAT*, 1: 148. En cuanto a los que se relacionan con las partes del cuerpo, véase *BDB*, 24.

2.3.4.1 Denominativo privativo

El *pi'el* denominativo privativo expresa la idea de quitar o dañar el objeto expresado por el sustantivo.[139] Estos ejemplos ayudarán a esclarecer este uso:

a) חִמֵּא ("purificar del pecado, expiar") de חֵטְא ("pecado"):

וְחִטֵּאתָ עַל־הַמִּזְבֵּחַ בְּכַפֶּרְךָ עָלָיו וּמָשַׁחְתָּ אֹתוֹ לְקַדְּשׁוֹ - "purificarás el altar haciendo expiación por él y ungiéndolo para consagrarlo" (Éx 29:36 NVI).

b) ויזנב ("cortar la cola, aniquilar la retaguardia, atacar por la cola") de זנב ("cola, rabo"): וַיְזַנֵּב בְּךָ כָּל־הַנֶּחֱשָׁלִים אַחֲרֶיךָ - "Y te desbarató la retaguardia de todos los débiles que iban detrás de ti" (Dt 25:18; cp. Jos 10:19).

c) לֵבֵּב ("enamorarse, robar el corazón, cautivar el corazón") de לֵבָב o לֵב ("corazón"): לִבַּבְתִּנִי אֲחֹתִי כַלָּה לִבַּבְתִּנִי בְּאַחַת מֵעֵינַיִךְ - "Me robaste el corazón, hermana, esposa mía; me robaste el corazón con una mirada tuya" (Cnt 4:9, RV95).

d) עִצֵּם ("deshuesar, romper los huesos, o roer los huesos") del sustantivo עֶצֶם ("hueso"), como verbo se encuentra una sola vez en *pi'el*. En el texto bíblico significa roer los huesos en la figura de león. Ejemplo: עִצְּמוֹ נְבוּכַדְרֶאצַּר מֶלֶךְ בָּבֶל - "y Nabucodonosor rey de Babilonia lo deshuesó" (Jer 50:17). Ocurre una vez en *hif'il*, "hacer fuerte" (Sal 105:24).[140]

e) שרש ("desarraigar, arrancar las raíces") de שֹׁרֶשׁ en contraste de הִשְׁרִישׁ en *hif'il* ("arraigar, echar raíces"): וְשֵׁרַשְׁךָ מֵאֶרֶץ

---

[139] Se ha construido la lista de verbos en *pi'el* denominativo privativo a partir de las listas propuestas por los siguientes autores: Kautzsch, E., ed. *Gesenius' Hebreyv Grammar*, §52h, Joüon y Muraoka, *Gramática*, §52d; Waltke y O'Connor, *Biblical Hebrew Syntax*, 412-413; H. Bauer & P. Leander, *Historische Grammatik der hebräischen Sprache* (Hildesheim: Georg Olms Verlagsbuchhandlung, 1965), 291.

[140] Ronald B. Allen, "עצם", *TWOT*, 690.

חַיִּים סֶלָה - "te desarraigará de la tierra de los vivientes. Selah" (Sal 52:7 RV60).

2.3.4.2 Denominativo productivo

El *pi'el* productivo designa la producción de algo. El verbo no se entiende como un evento sino como un resultado.[141] A continuación se enumeran algunos ejemplos para delucidar la definición.

a) בָּכַר significa en *pi'el* "dar/producir cosecha nueva, fruto nuevo" y proviene del sustantivo בְּכוֹר ("primogénito, primicia"): לֶחֳדָשָׁיו יְבַכֵּר - "cada mes darán frutos nuevos" (Ez 47:12).[142]

b) בְּעַנְנִי עָנָן - "cuando haga venir nubes" (Gn 9:14). La única forma verbal de esta raíz se encuentra en *pi'el* y en este verso. El verbo viene del sustantivo עָנָן ("nubes"). Se encuentra alrededor de 80 veces en el Antiguo Testamento.[143] El sentido es "llevar nubes", "hacer nubes" entonces "producir nubes".

c) La raíz verbal עפר ("levantar polvo") tiene una sola

---

[141] Waltke y O'Connor, *Biblical Hebrew Syntax*, 412-413

[142] La raíz בכר se encuentra ampliamente en el texto Masorético, 158 veces con solamente 4 formas verbales: 1) לֹא יוּכַל לְבַכֵּר אֶת־בֶּן־הָאֲהוּבָה "no podrá dar el derecho de primogenitura (*pi'el* infinitivo) al hijo de la amada" (Dt 21:16); 2) אַךְ־בְּכוֹר אֲשֶׁר־יְבֻכַּר לַיהוָה "Pero el primogénito de los animales, que por la primogenitura (*Pual*) es de Jehová" (Lev 27:26); 3) כִּי קוֹל כְּחוֹלָה שָׁמַעְתִּי צָרָה כְּמַבְכִּירָה "Porque oí una voz como de mujer que está de parto, angustia como de primeriza (*Hifil*)" (Jer 4:31); y 4) לֶחֳדָשָׁיו יְבַכֵּר "cada mes darán frutos nuevos" (Ez 47:12). Debido a las pocas veces que se encuentra en formas verbales, se ha sugerido que la forma verbal se deriva del sustantivo; sin embargo, el sustantivo cumple los requisitos para ser un derivado del verbo. Se debe tomar en cuenta que el sustantivo que se encuentra en otros idiomas semíticos con el mismo significado: por ejemplo, en árabe, etiope, arameo y probablemente el acadio. (TWOT, 244).

[143] Ronald B. Allen, "קנן", *TWOT*, 684.

ocurrencia en 2 S 16:13: וְעִפַּר בֶּעָפָר - "y levantó polvo". La raíz verbal proviene del sustantivo עָפָר ("polvo, tierra, ceniza, arcilla"). La única vez utilizada como verbo se encuentra en *pi'el*. Significa "levantar el polvo".

d) קִנֵּן ("anidar, establecerse"). La raíz tiene dos usos verbales: uno en *pi'el* y el otro en *pu'al* (Is 34: 15; Ez 31:6) del sustantivo קֵן ("nido"). El verbo tiene el sentido de "hacer o producir nidos".[144]

e) דִּבֶּר de דָּבָר ("palabra"). La raíz verbal דבר ocurre 1140 veces; usualmente se utiliza en *pi'el* (1100 veces) y significa "hablar" también en *qal* (40 veces), en *nif'al* significa "hablar con otro, conversar, departir, comentar, platicar" (Ez 33:30; Mal 3:16; Sal 119:23) (también "murmurar"), en *pu'al* (Sal 87:3, Cnt 8:8); y en *hitpa'el* "conversar" (Nm 7:89; 2 S 14:12-13; Ez 2:2; 43:6).[145] El *pi'el* es productivo, es decir "producir la palabra".[146]

2.3.4.3 Denominativo numérico

En el *pi'el* denominativo numérico, el verbo se deriva de un adjetivo numeral cardinal. Waltke y O'Connor escriben: "Al parecer el *pi'el* tiene que ver con los números fraccionarios y los verbos se comportan como verbos de división o de partición".[147] No se puede confirmar en toda esta declaración, porque no siempre hay número fraccionario en los denominativos numéricos. Obsérvese los siguientes ejemplos:

a) שִׁלֵּשׁ, del adjetivo שָׁלוֹשׁ ("tres"), significa "hacer algo por

---

[144] Luis Alonso Schökel, *Diccionario bíblico hebreo-español* (Madrid: Trotta, 1994), 664.

[145] Frank Ritchel Ames, "דבר", *NIDOTTE*, 9:12-915; Schökel, *Diccionario bíblico*, 168.

[146] Véase la discusión de G. Gerleman, "דָּבָר, dābār Palabra", *DTMAT*, 615-627; Alonso Schökel, *Diccionario bíblico*, 167-171.

[147] Waltke y O'Connor, *Biblical Hebrew Syntax*, 412.

tercera vez, dividir en tres, repetir durante tres días". וְשִׁלַּשְׁתָּ אֶת־

גְּבוּל אַרְצְךָ אֲשֶׁר יַנְחִילְךָ יְהוָה אֱלֹהֶיךָ - "Dividirás en tres partes la tierra que el SEÑOR tu Dios te da por herencia"(Dt 19:3). וַיֹּאמֶר שַׁלֵּשׁוּ

וַיְשַׁלֵּשׁוּ - "Dijo aún: Hacedlo la tercera vez; y lo hicieron la tercera vez" (1 R 18:34). Como verbo se encuentra solamente en *pi 'el* y en *pu 'al* מְשֻׁלֶּשֶׁת , "de tres años" (Gn 15:9; Ez 42:6; Ec 4:12).

b) חִמֵּשׁ "tomar una quinta parte como impuesto,[148] dividir en regiones, o imponer una tasa de 20%[149] de חָמֵשׁ "cinco". וְחִמֵּשׁ אֶת־

אֶרֶץ מִצְרַיִם בְּשֶׁבַע שְׁנֵי הַשָּׂבָע - "que recojan la quinta parte de las cosechas de Egipto en los siete años de la abundancia" (Gn 41:34, RV95).

c) שִׁשָּׁה "dividir en seis partes, ofrecer la sexta parte" de שֵׁשׁ ("seis"). וְשִׁשִּׁיתֶם הָאֵיפָה מֵחֹמֶר הַשְּׂעֹרִים - "ofreceréis y la sexta parte de un efa por cada homer de la cebada" (Ez 45:13). Esta forma encontrada ocurre solo en *pi 'el,* en este caso es *pi 'el* denominativo.

d) עָשַׂר en *pi 'el,* "cobrar el décimo, cobrar la décima parte; entregar el diezmo"[150] de עֶשֶׂר ("diez"). צֹאנְכֶם יַעְשֹׂר וְאַתֶּם תִּהְיוּ־לוֹ

לַעֲבָדִים - "Diezmará (*qal*) también vuestros rebaños, y seréis sus siervos (1 S 8:17). עַשֵּׂר תְּעַשֵּׂר אֵת כָּל־תְּבוּאַת זַרְעֶךָ הַיֹּצֵא הַשָּׂדֶה שָׁנָה

שָׁנָה - "indefectiblemente diezmarás (*pi 'el*) todo el producto del grano que rindiere tu campo cada año" (Dt 14:22). Si hay una diferencia entre el *qal* y *pi 'el* no es muy clara, porque las dos formas pueden significar lo mismo.

Al terminar esta sección sobre los verbos denominativos es importante plantear las preguntas siguientes: ¿Cómo se diferencia un verbo denominativo de un verbo normal u ordinario? ¿Cómo asegurarse que el sustantivo existía primero y no el verbo? En otras

---

[148] Ibíd., 414.
[149] Alonso Schökel, *Diccionario bíblico*, 264.
[150] Allegue, *Diccionario Bíblico*, 177.

palabras, ¿cómo saber si la palabra es verbo denominativo y no un sustantivo deverbal? Estas preguntas se justifican por el hecho hecho de que la mayoría de los sustantivos semíticos son deverbales, es decir, derivados de un verbo o de una locución verbal. Tal nombre tiene una relación estrecha con el verbo. Igualmente, un verbo derivado de tal sustantivo mostrará una relación bastante estrecha con este sustantivo, esto resulta juzgar si se deriva directamente de él o no.

El significado de un verbo denominativo, independientemente de la conjugación, está relacionado con la raíz del sustantivo. El sustantivo del cual se deriva el verbo establece de manera casi segura su sentido.

2.4 Conjugaciones particulares derivadas del *pi'el*

Para poder apreciar mejor esta sección, es importante echar un vistazo sobre las estadísticas de los verbos en el hebreo. La siguiente tabla se tomó de Waltke y O'Connor.[151]

	Ocurrencias		Raíces utilizadas	
	N°	%	N°	%
Qal	49,180	68.8	1,115	71.2
Nifal	4,140	5.8	435	27.8
Piel	6,450	9.0	415	26.5
Pual	460	0.6	190	12.1
Hitpael	830	1.2	175	11.2
Hifil	9,370	13.1	505	32.2
Hofal	400	0.6	100	6.4
Otros	680	0.9	130	8.3
Total	71,510		1,565	

Tabla 2.2: Estadística de las ocurrencias de las conjugaciones utilizadas en el hebreo bíblico

---

[151] Waltke y O'Connor, *Biblical Hebrew Syntax*, 361; SA/THAT Statistischer Anhang to Ernst Jenni and Claus Westermann. 1971–76.

Según esta tabla, la conjugación *pi'el* ocurre 6,450 veces. Esta cifra ocupa el tercer lugar en frecuencia, después de *qal* (49,180) y *hifil* (9,370 veces); pero es la cuarta en cuanto a raíces utilizadas. En *nifal*, ocurre menos veces (4,140 veces), utiliza más raíces (435) que *pi'el* (415). Aun así, el *pi'el* es una de las conjugaciones importantes en el verbo bíblico.

En la sección anterior se ha visto una relación entre la conjugación *qal* y la conjugación *hif'il* para tratar de entender la semántica de la conjugación *pi'el*. Todavía no se ha estudiado la relación entre las demás conjugaciones y la conjugación *pi'el*. En el cuadro incluido en la introducción de este capítulo, se puede notar que la conjugación *pi'el* está ligada con las conjugaciones *pu'al* y *hitpa'el*. *Pi'el* sería la contraparte activa de la forma pasiva *pu'al* y de la forma reflexiva/ recíproca *hitpa'el*, como se conoce tradicionalmente. Por lo tanto, es de suma importancia entender las diversas facetas y ver hasta qué punto es útil esta relación para explicar el sentido de la conjugación *pi'el*. Por otro lado, las conjugaciones menores están ligadas mayormente a la conjugación *pi'el*. Conviene explicar estas conjugaciones para dar a conocer estos casos, porque son mayormente desconocidos en las gramáticas introductorias. El análisis sintáctico de los casos de las conjugaciones raras también ayudaría a conocer la relación con la conjugación y descubrir su sintaxis en cuanto a *pi'el*.

En esta sección, se pretende estudiar, por un lado, la conjugación *pu'al* y, por otro lado, presentar las conjugaciones menores. Los estudios demuestran generalmente que estas conjugaciones están ligadas con *pi'el*, ya sea del punto de vista morfológico, sintáctico o semántico. No se tomará en cuenta la conjugación *hitpa'el*, pese a su utilidad, pero no indispensable para entender la sintaxis de la conjugación *pi'el*.

2.4.1 *Pu'al/qal* pasivo

La conjugación *pu'al* se encuentra 460 veces en el Antiguo Testamento con 190 raíces. La mayoría de las gramáticas introductorias sostienen que el *pu'al* es el pasivo de su contraparte *pi'el*, el *nif'al* sería el pasivo del *qal* y el *hof'al* es el pasivo de *hif'il*. Los masoretas no reconocieron el *pu'al* como una raíz activa.[152] El *pu'al* como forma pasiva del *pi'el* puede ser intensivo, factitivo real (Éx 12:9; Is 14:10), delocutivo (Ez 22:24), resultativo simple (Am 7:17) o resultativo irreal (2 S 7:16).

Morfológicamente, el *pu'al* es idéntico al pasivo de *qal* en el perfecto. F. Böttcher reconoció, por primera vez en 1868, evidencias en el hebreo bíblico de la existencia de un *qal* pasivo similar al *pu'al*.[153] El pasivo del *qal* es idéntico al *pu'al* en el perfecto y en el imperfecto al *hof'al*. El pasivo de *qal* ya era considerado como arcaico en el hebreo clásico. El hecho de considerar el *nif'al* como el pasivo no crea ningún problema semántico. Morfológicamente, cuando existe una forma *pu'al* sin una contraparte *pi'el* y si tiene una conjugación *qal*, entonces es una forma *qal* pasiva. Semánticamente si no es un pasivo del *pi'el*, es un *qal* pasivo. Joüon y Muraoka escriben al respecto:

> Si una forma קָטַל no tiene una conjugación *pi'el* activa y si una conjugación *Qal*, y si el sentido de la forma no es el de un pasivo del *pi'el*, entonces la forma debe ser considerada pasiva de *Qal*. Igualmente, si para una forma יְקַטַּל no existe una conjugación activa *hif'il* y sí una conjugación activa *Qal*, y si el sentido de la forma no es el de un verbo pasivo de *hif'il*, entonces la forma debe ser considerada pasiva de *Qal*.[154]

Por ejemplo; יֻלַּד ("fue dado a luz, fue nacido, nació") tiene varias ocurrencias en el hebreo bíblico, no existe una forma *pi'el*. El sentido aquí es del *qal* pasivo y no del *pi'el*, que significaría "hacer parir, ayudar al parto, asistir al parto". Se puede considerar también אֻכְּלוּ de la raíz אכל ("comer"). La lista puede ser más larga

---

[152] Waltke y O'Connor, *Biblical Hebrew Syntax,* 373-374.
[153] Morrisson, *Hebrew Stem*, 16.
[154] Joüon y Muraoka, *Gramática*, §58a.

en esta categoría:חפש "estar libre"; טרף "despedazar", יצר "formar, crear", לקח "tomar, quitar", עבד "servir", שגל "violar", שטף "desbordarse, fregar, lavar con agua", שפך "derramar, verter",אסר "atar, caer prisionero (en *pu'al*)", זנה "fornicar, prostituirse, deshonrarse, corromperse, ser infiel", חצב "cavar, hacer agujeros, extraer"; כרת "cortar, recortar, seccionar", נפח "soplar, resoplar, quedar sin aire; ser avivado, soplar", עזב "dejar, abandonar", עשה "hacer", ראה "ver". Un buen grupo de verbos cuya segunda consonante es ר entra en esta categoría por su naturaleza morfológica. La *u* de la primera sílaba se alarga a o; הרג "matar"; זרה "ser extranjero", זרק "lanzar, espolvorear", קרא "llamar, proclamar".[155]

2.4.2 Conjugaciones poco usuales

Además de las siete conjugaciones principales reconocidas (tradición medieval),[156] hay otras conjugaciones utilizadas con menos frecuencia (conjugaciones menores,[157]conjugaciones raras,[158] conjugaciones menos comunes).[159] La mayoría se asocia a la conjugación *pi'el*[160] y otros pocos a la conjugación *hif'il*. "A la primera, pertenecen los que surgen de la prolongación de la vocal o la repetición de una o incluso dos radicales, de hecho, a partir de una modificación interna o desarrollo de la conjugación; a la última pertenecen aquellos que se forman prefijando una consonante, como (ה) de *hif'il*".[161] Es importante el estudio de estas

---

[155] Kautzsch, *Gesenius Hebrew Grammar*, §52d.
[156] Waltke y O'Connor, *Biblical Hebrew Syntax,* 359.
[157] Pratico & Van Pelt, *Basics of*, 327.
[158] Joüon y Muraoka, *Gramática*, §59.
[159] Kautzsch, *Genesius Hebrew Grammar*, § 55a.
[160] Joüon y Muraoka, *Gramática*, § 59.
[161] Kautzsch, *Genesius Hebrew Grammar*, § 55a.

conjugaciones debido a que la mayoría se relaciona con la conjugación *pi'el*. A continuación, se encuentra una tabla comparando las conjugaciones menores y las conjugaciones duplicadas.

Pi'el / activo	po'el	Pi'lel o pa'lel	P^e'al'al	Pilp'el
Pu'al / pasivo	po'al	pul'al	Pe'al'al	pulp'al / polp'el
Hitpa'el / reflexivo	hitpo'el	Hitpal'el	Hitpal'a l	Hitpalpel / nippael

Tabla 2.3: Las conjugaciones duplicadas y las conjugaciones menores

Este cuadro toma en cuenta solamente las conjugaciones menores relacionadas con la conjugación duplicada. En este sentido, no se toma en cuenta la conjugación *hif'il*.

2.4.2.1 Po'el / po'al / hitpo'el

Po'el קוֹטֵל es la conjugación más frecuente de las conjugaciones raras. Se presenta en diversas formas *po'al* קוֹטַל, la forma pasiva; y *hitpo'el* הִתְקוֹטֵל la forma reflexiva. La forma activa *Po'el* corresponde al *pi'el*, la forma pasiva al *pu'al* y *hitpo'el* al *hitpa'el*. David Qimhi optó por ocho conjugaciones principales y agregó la conjugación *po'el* en su lista. Los eruditos modernos discrepan sobre el número de raíces verbales representadas por las formas raras. Ellos coinciden que hay siete conjugaciones mayores basadas en raíces triradicales, y una docena o menos más basadas en raíces birradicales.[162] Véase estos ejemplos:

אֲשֶׁר אִם־צָדַקְתִּי לֹא אֶעֱנֶה לִמְשֹׁפְטִי אֶתְחַנָּן

---

[162] Waltke y O'Connor, *Biblical Hebrew Syntax*, 359 citado de Goshen-Gottstein, "system of Verbal Stems," 72; William Chomsky, *David Kimhi's Hebrew Grammar: (Mikhlol),* (1952), 54.

"porque aunque fuera justo, no respondería, al que me juzga (*po'el participio*) imploraría clemencia (*hitpa'el*)" (Job 9:15).

מְלָשְׁנִי בַסֵּתֶר | רֵעֵהוּ אוֹתוֹ אַצְמִית

"El que en secreto calumnia (*po'el participio*) a su prójimo, lo destruiré" (Sal 101:5 NVI). No se puede decir con certeza el sentido del verbo שפט en el primer ejemplo, pero la conjugación *po'el* de la raíz לשן es denominativo del sustantivo לָשׁוֹן ("lengua, idioma"); el verbo significa "calumniar, difamar".[163]

2.4.2.2 *Pi'lel o pa'lel/pu'lal*

Pa'lel (o קטלל *pi'lel* con atenuación de *a* en *i*) tiene la forma pasiva *pu'lal* קָטְלַל pasivo, *hitpa'lel* הִתְקַטְלֵל, reflexivo. Estas son aquellas con la tercera radical repetida, pero la repetición de la tercera radical reemplaza la duplicación".[164]

וְשָׁב יַעֲקֹב וְשָׁקַט וְשַׁאֲנַן

"Y Jacob volverá, descansará y vivirá tranquilo (*pa'lel* perfecto con *waw* consecutiva)" (Jer 30:10). Viene de la raíz שָׁאַן ("repantigarse con indolencia"), es decir "estar tranquilo: quieto, tranquilo, reposar". El verbo tiene el sentido denominativo. Viene del adjetivo שַׁאֲנָן ("tranquilo").[165] No tiene una forma *qal* correspondiente. Se encuentra también en Jer 46:27; 48:11; Pr 1:33 y Job 3:18.

Otro ejemplo, אֻמְלְלָה אָרֶץ "se enfermó (*pu'lal* perfecto) la tierra" (Is 33:9) de la raíz אמל ("inclinarse, estar enfermo, dolerse; desfallecer, enfermar"). Se encuentra solamente en *qal* y en *pu'lal*. Se puede suponer que la forma tiene el sentido factitivo *pu'lal*.

---

163 Kautzsch, *Genesius Hebrew Grammar*, 151; Alonso Schökel, *Diccionario bíblico*, 397; Walter C. Kaiser, "לָשׁוֹן", *TWOT*, 1, 1132.

164 Ross, *Introducing*, 198; Lambdin, *Introduction*, 254; Joüon y Muraoka, *Gramática*, §52d.

165 Joüon y Muraoka, *Gramática*, §52d.

2.4.2.3 p^e *al 'al /pe 'al 'al / hitpa 'lal*

קְטַלְטַל (p^e *'al 'al*): morfológicamente son aquellos en los que se repiten las últimas radicales לְבִּי סְחַרְחַר "mi corazón palpita (p^e *' al 'al* perfecto)" (Sal 38:11) de la raíz סחר. La raíz se encuentra en *qal* y p^e *' al ' al*. En *qal*, significa "traficar, vender, recorrer, comerciar" y en p^e *' al ' al* "latir, palpitar".[166] No es muy claro el sentido de esta forma duplicada y quizá sea interpretado figuradamente.

יָפְיָפִיתָ "eres el más bello" (Sal 45:3)[167] de la raíz יפה en *qal* significa "ser/estar hermoso/a, bella, guapa, atractiva, apuesta, gallarda; magnífico, espléndido". En *pi'el* "embellecer, adornar, ornamentar, ataviar, engalanar" (Jer 10:4) y la conjugación p^e *al'al* "ser muy bello", posiblemente intensifica la acción de la forma *qal*.

2.4.2.4 *Pilpel/pulpal/ o polpel/hitpalpel/nippa'el*

Son aquellas con la primera y la tercera radical repetidas. Probablemente son verbos vacíos reduplicados, aunque algunos pueden ser geminados. La forma activa es *pilpel* קִלְקֵל, *pulpal/ polpel* קָלְקֵל es la forma pasiva y *hitpalp'el* הִתְקַלְקֵל es la reflexiva.

וְגִלְגַּלְתִּיךְ "te haré rodar (*pilpel* perfecto con *waw* consecutiva)" (Jer 51:25) de la raíz גלל.[168] Esta raíz significa en *qal* "rodar, voltear, hacer girar", en *nif'al* "enrollarse, abarquillarse", en *pol'al* "estar empapado", *pilpel* "hacer rodar", *hitpol'el* "revolverse" (Gn 43:18); en *hitpalp'el* "lanzarse al asalto".[169] Así que, se usa en cuatro conjugaciones duplicadas menores. Las formas *pi'el*, *pu'al*, *hitpa'el* no existen. Posiblemente estas son reemplazadas por las

---

[166] Alonso Schökel, *Diccionario bíblico*, 530; Kautzsch, *Gesenius' Hebrew Grammar*, §52.

[167] Joüon y Muraoka, *Gramática*, §59d.

[168] BDB, 164.

[169] Alonso Schökel, *Diccionario bíblico*, 160.

formas raras. El sentido de la conjugación *pilpel* es posiblemente causativo.

Las formas *hitpalp'el* o *nippa'el* es una forma híbrida con la *n* de nifal añadida al *hitpa'el*[170] es la forma reflexiva de *pilp'el* o *polp'el*. Se encuentra en varios versículos por ejemplo en כְּפֶרֶץ רָחָב

יֶאֱתָיוּ תַּחַת שֹׁאָה הִתְגַּלְגָּלוּ - "Como por ancha brecha vienen, en medio de la tempestad siguen rodando (*Hitpalp'el*) (Job 30:14)".[171]

Ejemplos	Raíces	Sentido
יִשְׁתַּקְשְׁקוּן בָּרְחֹבוֹת - "se lanzan por las plazas" (Nah 2:5)	שקק - "lanzarse, abalanzarse" y en *hitpalp'el* "lanzarse"	El sentido no puede ser clasificado
וַתִּתְחַלְחַל הַמַּלְכָּה מְאֹד - "y la reina se angustió engran manera". (Est 4:4 LBLA)	חיל - "girar, estremecer"	Posiblemente de una raíz denominativa
וַיִּתְמַרְמַר אֵלָיו - "Se enfureció con él" (Da 8:7	De מרר - "gotear, ser amargo, afligir amargamente, amargar, enfurecer"	Posiblemente resultativo

Tabla 2.4: Ejemplos ilustrados de formas *Hitpalp'el*

Las conjugaciones poco usuales tienen relación con la conjugación duplicada; *pi'el*, *pu'al* y *hitpa'el*, es decir, las formas activa, pasiva y reflexiva.

---

[170] Joüon & Muraoka, *Gramática*, §59f.

[171] Para encontrar otros ejemplos de *hitppalp'el* se recomienda consultar a Kautzsch, *Gesenius' Hebrew Grammar*, §55g.

2.5 Conclusión

Se ha expuesto históricamente las teorías acerca del significado de la conjugación *pi'el*, ya que fundamentalmente se entendió como intensivo y posteriormente como factitivo. Aparte de estos sentidos fundamentales, los hebraístas reconocían raíces encontradas en *pi'el* con sentidos denominativo, causativo; y más recientemente resultativo.

Estos posibles significados son esfuerzos también para explicar esta conjugación particular a partir del comportamiento de otros idiomas semíticos. Particularmente se explicaba el intensivo a partir del árabe y el factitivo desde el acadio. Más idiomas han sido utilizados para apoyar estas teorías: el siríaco, el ugarítico y otros idiomas afroasiáticos.

Se ha explicado también el sentido intensivo y en sentido pluralizado, repetitivo, frecuentativo e iterativo. El factitivo también se define como la causación de la acción estativa o intransitiva. Se clasifica en dos grupos: el factitivo real o verdadero y el factitivo irreal llamado también psicolingüístico o más recientemente delocutivo. El denominativo se divide igualmente en tres categorías: el privativo, el productivo y el numérico. El resultativo concierne exclusivamente a los verbos fientivos. Estos se dividen en dos subclases: los resultativos simples o reales y los resultativos irreales.

En este capítulo, se ha dedicado una buena porción a las conjugaciones vinculadas la conjugación *pi'el*. Se ha expuesto la conjugación *pu'al* (su sentido y sus diferencias con el qal pasivo) y las conjugaciones poco usuales relacionadas con las conjugaciones duplicadas comunes (*pi'el, pu'al hitpa'el*). Este estudio servirá de base para el análisis semántico de las formas verbales *pi'el* y las conjugaciones relacionadas (excepto *hitpa'el*) en el libro de Jueces. La conjugación *hitpa'el* es importante para entender la conjugación duplicada, pero no es indispensable. Una porción no tan grande se ha dedicado a los verbos menores relacionados con *hitpa'el* para poder identificarlos en el libro de Jueces, si se debe estudiar esta conjugación más adelante.

CAPÍTULO 3

ANÁLISIS SEMÁNTICO DE LAS FORMAS VERBALES *PI'EL* Y CONJUGACIONES RELACIONADAS CON *PI'EL* EN EL LIBRO DE JUECES

---

1. Introducción

En este capítulo, se pretende analizar semánticamente las formas de la conjugación D que se encuentran en el texto hebreo del libro de Jueces, principalmente *pi'el, pu'al* y las conjugaciones menores. Se hará un intento de clasificar cada verbo según las teorías estudiadas en el capítulo 2. La conclusión dependerá de las estadísticas de la clasificación de los verbos. Los conceptos expuestos en el capítulo 2 son en resumen los siguientes: intensivo, factitivo, resultativo, denominativo y causativo. He aquí, en seguida, una definición breve de cada concepto.

El *intensivo* es cuando la conjugación *pi'el* señala la intensificación de la acción del verbo. Se expresa la intensificación de manera pluralizada, repetitiva y frecuentativa / iterativa.

El *factitivo* es un verbo estativo o intransitivo que recibe un sentido transitivo. La diferencia con el *hif'il* causativo consiste en el hecho de que los sujetos de los verbos factitivos causan un estado o condición, mientras que los sujetos de los verbos causativos causan acciones.[1] Existen un factitivo real y un factitivo psicolingüístico, lo que se ha estudiado bajo el título verbo delocutivo en este trabajo.

El *resultativo* expresa en *pi'el* el resultado del proceso. El

---

[1] Bruce K. Waltke y M. O'Connor, *An Introduction to Biblical Hebrew Syntax* (Winona Lake: Eisenbrauns, 1990), 349.

verbo es transitivo en *qal* y en *pi'el*.

El *denominativo* es cuando un verbo se deriva de un sustantivo, un adjetivo o un participio en morfología y en significado. Conviene precisar que los verbos denominativos son diferentes de los delocutivos y de los sustantivos deverbales. Los verbos denominativos son verbos derivados de sustantivos, los delocutivos de locuciones mientras que los sustantivos deverbales al revés son sustantivos derivados de verbos. En la mayoría de las veces, se identificará la categoría del denominativo, es decir, si es privativo, productivo, o numérico.

Se procederá al análisis de los verbos por capítulo. En el caso de las raíces repetidas, se tomará en cuenta el contexto para determinar el sentido o el uso de la conjugación. En algunos casos, los usos de una misma raíz variarán, pero en la mayoría de los casos se remitirá al lector al caso ya estudiado.

3.2 Análisis semántico de las formas verbales *pi'el* y derivadas en el libro de Jueces

1:6

וַיְקַצְּצוּ אֶת־בְּהֹנוֹת יָדָיו וְרַגְלָיו - "y le cortaron (*pi'el* imperfecto con waw consecutiva) los pulgares de las manos y de los pies"[2] de la raíz קצץ que significa "cortar, amputar". Es difícil encontrar un significado fundamental para el *pi'el* de este verbo. Si en algunos ejemplos el verbo tiene un sentido intensivo, esta función no se justifica en todos los casos. El verbo puede tener el mismo significado en *qal* y en *pi'el* "cortar, amputar".[3] Se ha observado que esta raíz es transitiva tanto en *qal* como en *pi'el*, así que se podría pensar en el sentido resultativo. La conjugación *pi'el* indica el resultado de la acción de cortar o amputar los pulgares de las manos y de los pies y no el proceso.

---

[2] La traducción de los versículos se toma de la Reina Valera 60 (RV60) a menos que se indique lo contrario.

[3] Anthony Tamasino, "קצץ", *NIDOTTE*, 964-966.

1:7

שִׁבְעִים מְלָכִים בְּהֹנוֹת יְדֵיהֶם וְרַגְלֵיהֶם מְקֻצָּצִים - "Setenta reyes con los pulgares de sus manos y de sus pies cortados" (*pu'al* participio). El verbo proviene de la raíz קצץ. El sentido de la conjugación *pu'al* es resultativo. El verbo indica el resultado del evento de cortar los pulgares de las manos y de los pies.

מְלַקְּטִים "recogían las migajas", *pi'el* participio de la raíz לקט. La raíz se encuentra en otros idiomas semíticos; en árabe *laqaṭa* "recoger"; y del sustantivo *luqāṭ* "espigas tiradas" y del acadio *laqātu*, "coleccionar".[4] En el hebreo bíblico aparece 30 veces en *qal, pi'el, pual y hitpa'el*. Su significado no puede ser intensivo, porque en *qal* también se utiliza con objetos tan numerosos como aquí (Gén 31:46). Según Jenni, el *pi'el* de este verbo expresa una concurrencia o una reunión completa. Cleon L. Rogers e I Cornelius señalan que el *pi'el* enfoca la colección total de granos y de uvas (Lev 19:9-10; 23:22).[5] En este sentido, el significado de la conjugación es resultativo, porque recogieron todas las migajas. Sin embargo, los ejemplos en Rut donde se utiliza esta conjugación de la raíz (2:8) no permiten concluir que la conjugación *pi'el* de esta raíz sea resultativa. En última instancia, se puede pensar en el sentido frecuentativo o iterativo. No se confirma tampoco este sentido, porque la conjugación se utiliza en el mismo sentido (Éx 16:4). El sentido más plausible es resultativo para el contexto de este versículo.

כֵּן שִׁלַּם־לִי אֱלֹהִים "Así Dios ha pagado a mí", *pi'el* perfecto de שלם. En *qal*, significa "quedarse sano, tranquilo, estar completo" y en *pi'el* "recompensar, mantener, pagar, restituir". La conjugación *pi'el* de esta raíz tiene el sentido factitivo.

---

[4] Cleon L. Rogers e I. Cornelius, "לקט", *NIDOTTE*, 2:818; BDB, 544.

[5] Rogers y Cornelius, "לקט", NIDOTTE, 2: 817-818.

1:8

שִׁלְּחוּ בָאֵשׁ "prendieron fuego", *pi'el* perfecto de שׁלח. Es difícil determinar el sentido de la conjugación *pi'el* de este verbo. Se puede identificar algunos sustantivos: שֶׁלַח "arma, lanza, flecha"; שִׁלּוּחִים "despido, repudio". Sin embargo, el verbo no se deriva de un sustantivo. Por lo tanto, debe desecharse del significado denominativo.

Sintácticamente todas las conjugaciones *qal* y *pi'el* de esta raíz son transitivas. Entonces se descarta la posibilidad de que sea un verbo factitivo. ¿Puede ser intensivo? Revisando los usos de *qal* y *pu'al* no se puede afirmar que la conjugación indica una acción iterativa o frecuentativa. En el presente versículo puede tener el sentido pluralizante: בְּנֵי־יְהוּדָה ... שִׁלְּחוּ בָאֵשׁ - "los hijos de Judá... pusieron fuego". Sin embargo, en los siguientes ejemplos el verbo se encuentra con sujetos numerosos en *qal*:וְאַדִּרֵיהֶם שָׁלְחוּ - "los nobles envían" (*qal*) (Jer 14:3). El mismo versículo ayuda a descartar la posibilidad de una pluralización por el objeto en *pi'el*, porque tiene su sujeto plural en *qal* צְעוֹרֵיהֶם – "envían a sus siervos".

Semánticamente la forma *pi'el* tiende a intensificar la acción del objeto. Por ejemplo, וַיְשַׁלְּחֵהוּ יְהוָה אֱלֹהִים מִגַּן־עֵדֶן "y el Señor lo echó" (o lo expulsó) *(pi'el)* del huerto de Edén (Gn 3:23). El término se usó también en el contexto del divorcio, cuando la mujer divorciada es enviada.[6] En *pi'el*, se utiliza en el sentido de "echar raíces, despedir, enviar lejos". Estos usos pueden ser entendidos como intensivos.

Interesa mucho discutir el sentido resultativo, según la teoría de Jenni, porque si el *qal,* así como el *pi'el* son transitivos, el *pi'el* tiene el sentido resultativo. Véase primero lo que dice C. John Collins al respecto antes de presentar una última posibilidad.

En piel (y pual) los significados del radical básico

---

[6] C. John Collins, "שׁלח", *NIDOTTE*, 4: 120-123.

adquieren en parte una modificación resultativa (cf. Jenni HP 193-199); esto es relativamente raro en el sentido de (a) "extender (la mano)", (Pr. 31,19.20, "mantener extendido"), (b) "mantener extendidas, estiradas (raíces, ramas, sarmientos)", (Jr. 17, 8; Ez 17, 6.7; 31,5, texto dudoso; Sal 44,3, texto dudoso; 80,12; cf. *Sup.*, 1, sobre *seluhot y selahim*) o en el sentido (c) "enviar a alguien" (por ejemplo, Is 57, 9; 66,19; pual, "ser enviado", Abd 1; Prov 17,11; Dn 10,11) y más frecuente en el sentido (d) "enviar, expedir algo" o similares (unas 70X; sobre el significado "regalar", cf. Sup., 1; con Yahvé como sujeto, "hacer caer [una plaga] sobre alguien/algo", Éx 15,7; 32, 27; Lv. 26,25; Nm 21, 6 y *passim, cf. inf.* 4b). En piel es muy frecuente el significado, correspondiente al del qal "soltar" (Gen 42,4; 43,8; 49,21, participio pasivo, cierva fugitiva [?]")", "enviar lejos, acompañar lejos, soltar, dejar libre, hacer volar, dar curso libre, despedir, hacer salir" (unas 175X; Gn 3:23; 8,7.8.10.12; 12,20; 18,16 y *passim*; referido al repudio de una mujer, Dt 22,19; 24,1.3; Is 50,1; Jr 3,1.8; 1 Cr 8,8, texto corregido; pual, Is 50,1; cf. *sup.*,1, sobre šillûḥîm).[7]

Las letras a y c se refieren al mismo artículo sobre el significado de la palabra. Se estudia el significado "extender" en la parte a; se encuentra unas 70 veces (Gn 3:22; 8:9) y en la parte c se discute el significado "enviar a alguien" con unos 450 casos (Gn 24:7, 40). En la parte del artículo de la cita, los autores explican el sentido de la raíz. La conjugación *pi'el* de la raíz שלח es parcialmente resultativo. Además de los usos ya mencionados, Collins menciona algunos usos menores e idiomáticos: "enviar fuego en un lugar" (Am 1:4, 7, 10, 12; 2:2, 5; os 8:14; Ez 39:6) y "enviar un lugar dentro del fuego", (es decir, poner fuego; Jue 1:8; 20:48; 2 R 8:12; Sal 74:7).[8]

---

[7] Jenni, "שלח", *DTMAT*, 2:1142-1149.

[8] Ibíd., 121.

El sentido de la raíz no encaja totalmente con una de las categorías estudiadas en el segundo capítulo. En este versículo, solamente tiene un uso idiomático "enviar la ciudad o en medio del fuego", es un modismo. En conclusión, esta raíz es parcialmente resultativo. En este contexto particular, el *pi'el* es resultativo. El autor del libro de Jueces no enfoca la acción en sí, sino el resultado: los hijos de Judá hacen que la ciudad sea consumida por el fuego.

1:20

En cuanto a דִּבֶּר de דָּבַר según su sentido léxico el verbo es denominativo; la raíz viene del sustantivo דבר "palabra, cosa". La raíz verbal דבר, al contrario de muchos otros verbos denominativos, existe en cinco conjugaciones *qal, nif'al, pi'el, pu'al, hitpa'el*. Estas cinco conjugaciones son denominativas. En *qal*, significa "hablar", *Ni.* "conversar" (sentido recíproco), *pi'el* "discutir" (intensivo, enfático), *pu'al* "decirse" ("se dice", sentido pasivo, *hitp.* "conversar" (sentido recíproco).[9] Se puede decir con bastante seguridad que es un denominativo productivo; "hablar" significa comunicarse con palabras, lo que implica necesariamente la producción de palabra.

1:25

וְאֶת־הָאִישׁ וְאֶת־כָּל־מִשְׁפַּחְתּוֹ שִׁלֵּחוּ - "pero dejaron ir al hombre y a toda su familia". Es *pi'el* perfecto de שלח significa "soltar o dejar ir" en este versículo. También la forma significa "enviar lejos, acompañar, hacer volar, dar curso libre, despedir, hacer salir".[10] Es difícil saber el sentido de la conjugación *pi'el*, pues el sentido más plausible es el resultativo. Sin embargo, es difícil establecer la línea de demarcación con la forma *qal* que tiene a veces el mismo significado; אֶת־ וְאֶת־בִּנְיָמִין אֲחִי יוֹסֵף לֹא־שָׁלַח יַעֲקֹב

---

[9] Allegue, *Diccionario Bíblico*, 56. Los comentarios en los paréntesis son del autor de esta investigación.

[10] M. Delcor y Jenni "שלח", *DTMAT*, 2: 1143-1149.

אָחִיו "pero Jacob no dejó (*qal*) que Benjamín, el hermano de José, se fuera con ellos" (Gn 42:4). La forma *qal* se utiliza en este versículo לֹא־שָׁלַח.[11] También se podría pensar en el sentido intensificado, el contexto del ejemplo de arriba muestra la irreversibilidad de la acción expresada por la conjugación *pi'el*, porque los hijos de Jacob lograron convencerlo, ya que los demás usos de la conjugación con este significado dejan ver casi la irrevocabilidad de la decisión tomada lo que concuerdo con la idea del uso resultativo. Otro ejemplo se encuentra en Gn 3:2 וַיְשַׁלְּחֵהוּ

יְהוָה אֱלֹהִים מִגַּן־עֵדֶן "Entonces Dios el SEÑOR expulsó (al ser humano) del jardín del Edén". En conclusión, la conjugación *pi'el* aquí sintáctica y semánticamente corresponde al significado resultativo (véase 1:8).

2:3

לֹא־אֲגָרֵשׁ אוֹתָם מִפְּנֵיכֶם "no echaré a ellos delante de vosotros"; *pi'el* imperfecto de la raíz גרשׁ. Semánticamente cuesta descubrir el significado de la conjugación *pi'el*. En la traducción en español, no existe mayor diferencia en cuanto al sentido de las conjugaciones *qal* y *pi'el*. En hebreo, se nota la presencia de la partícula את y también la presencia de sustantivo como objeto directo en la conjugación *pi'el*. Aunque algunas veces también la forma *qal* lleva la marca del objeto directo.

הִנְנִי גֹרֵשׁ מִפָּנֶיךָ אֶת־הָאֱמֹרִי וְהַכְּנַעֲנִי וְהַחִתִּי וְהַפְּרִזִּי וְהַחִוִּי וְהַיְבוּסִי "He aquí, echaré (*qal*) delante de ti a los amorreos, cananeos, hititas, ferezeos, heveos y jebuseos" (Éx 34:11). וְשִׁלַּחְתִּי אֶת־הַצִּרְעָה

לְפָנֶיךָ וְגֵרְשָׁה אֶת־הַחִוִּי אֶת־הַכְּנַעֲנִי וְאֶת־הַחִתִּי מִלְּפָנֶיךָ "Enviaré avispa delante de ti, y echará (*pi'el*) al heveo, al cananita, al hitita delante de ti" (Éx 23:28). No hay diferencias marcadas en los últimos dos ejemplos, porque se podría traducir el primer ejemplo: "enviaré avispa para que echen al heveo, al cananita, al hitita delante". El sentido factitivo destaca. El uso es resultativo, aunque en Jue 2:3 el sujeto no manda hacer la acción, por el contrario, probablemente Dios utilizará otro instrumento para echar al pueblo.

2:4

וַיְהִי כְּדַבֵּר מַלְאַךְ יְהֹוָה "cuando habló el Ángel de Jehová" (*pi'el* infinitivo constructo de דִּבֵּר con la preposición כ). El verbo se deriva del sustantivo de דָּבָר. El verbo es denominativo productivo (véase la explicación del uso del mismo verbo en 1:20).

2:6

וַיְשַׁלַּח יְהוֹשֻׁעַ אֶת־הָעָם "después que Josué despidió al pueblo", *pi'el* imperfecto con *waw* consecutiva de la raíz שלח. Sentido resultativo (véase la explicación del uso del mismo verbo en 1:8 y 25).

2:15

דִּבֶּר יְהוָה "Jehová había dicho" *pi'el* perfecto 3ª persona singular. Verbo denominativo productivo (véase 1:8 y 25).

2:20

אֲשֶׁר צִוִּיתִי אֶת־אֲבוֹתָם "que ordené a sus padres", *pi'el* perfecto 1° persona común singular de צוה. Aparece en el Antiguo Testamento 485 veces en *pi'el* y 9 veces en *pu'al*.[12] El sustantivo מִצְוָה "mandamiento, orden" siendo un participio derivado de la raíz verbal צוה; el sustantivo es deverbal y no el verbo denominativo. En algunos libros de gramática introductoria, este

---

[12] Tyler F. Williams, "צוה", *NIDOTTE*, 3:776-780; G. Liedke, "צוה" DTMAT, 1: 668-674.

verbo se encuentra en la categoría de los verbos denominativos.[13] Si esta clasificación toma en cuenta el inglés, probablemente sea denominativo; considerándolo desde el hebreo no puede ser denominativo. No es tan fácil decidir el sentido de la forma en la oración. No se puede explicar el sentido ni en comparación a un sustantivo ni a una conjugación *qal*. Entonces el verbo no entra en ninguna categoría de las listadas en el capítulo 2.

2:22

לְמַעַן נַסּוֹת בָּם "para probar", *pi'el* infinitivo constructo de נסה. Esta forma aparece 36 veces en el Antiguo Testamento. Se encuentra solamente en *pi'el*. Significa "probar, tentar, intentar, poner a prueba". No tiene relación con el sustantivo נֵס; el cual significa "escudo, bandera, estandarte, pendón". Si fuera así significaría "levantarse, pesar".[14] El sustantivo מסה "prueba, desesperación" se deriva del verbo y no el verbo del sustantivo. Así que este verbo no entra en la categoría de los verbos denominativos. Tampoco entra en la categoría de los verbos factitivos, porque no tiene ninguna raíz *qal*, ni conjugación correspondiente en otro idioma. Las demás posibilidades como intensiva y resultativa no se aplican a este verbo. Solamente se puede decir que es una raíz independiente. En este caso el *pi'el* no tiene relación con ninguna otra conjugación. Por tal motivo "no se clasifica".

3:1

לְנַסּוֹת "para probar", infinitivo constructo de נסה, es una forma *pi'el* "no clasificada" (véase 2:22).

3:2

לְלַמְּדָם "para adiestrarlas", infinitivo constructo con

---

[13] Lambdin, *Introduction,* 94.
[14] G. Gerleman, "נסה", *DTMAT,* 2: 100-101.

preposición y sufijo pronominal de la raíz למד. Se encuentra en *qal,* *pi'el* y en *pu'al.* La forma *qal* significa "acostumbrarse, aprender", y el *pi'el* "enseñar". Esta raíz tiene correspondencia en acadio, en ugarítico, en etíope y en arameo.[15] Muchos autores optan por el sentido factitivo[16] y otros por el sentido causativo.[17] Así significaría "hace que alguien más aprenda (resultativo) o se acostumbre (factitivo)". Walke y O'Connor argumentando el sentido factitivo precisan que el *qal* originalmente significaba "estar acostumbrado a" y que el *pi'el* significa "hacer (que alguien) esté acostumbrado a (algo)".[18] Sin embargo, las conjugaciones *qal* y *pi'el* son transitivas en hebreo como en español. Es más plausible el sentido causativo. En este sentido *pi'el* funcionaría como un *hif'il.*

3:4

לְנַסּוֹת "para probar" infinitivo constructo de נסה con la preposición ל, *pi'el* no clasificado (véase 2:22).

אֲשֶׁר־צִוָּה "que él había dado u ordenado" *pi'el* perfecto con el pronombre relativo de la raíz צוה. No puede ser clasificado (véase 2:20).

3:12

וַיְחַזֵּק "y fortaleció", imperfecto con *waw* consecutiva de la raíz חזק ("ser fuerte"). Joüon clasifica el verbo en *qal* dentro de los verbos estativos atributos,[19] y por Jenni dentro de las raíces

---

[15] Jenni, "למד", *DTMAT*, 1: 1192.

[16] Ibíd; Joüon y Muraoka, *Gramática*, §52d; Ross, *Manual*, 199.

[17] Kautzsch & Cowley, *Genesius Hebrew Grammar*, §52.

[18] Waltke y O'Connor, *Biblical Hebrew Syntax,* 401.

[19] Joüon & Muraoka, *Gramática*, §41f. Joüon divide los estativos en cuatro grupos: 1) los que expresan cualidades: גָּבַה "ser alto", שָׁפַל "ser bajo"; 2) los que expresan un estado de ánimo: חָפֵץ "amar, querer, desear"; פָּחַד

intransitivas con *pi'el* y *hif'il*.[20] Según las dos posturas, el *pi'el* pasa a ser factitivo. La forma *qal* estativo o intransitivo pasa a ser transitivo en *pi'el*. Así que, la forma חזק ("fortalecer") es *pi'el* factitivo.

3:18

וַיְהִי כַּאֲשֶׁר כִּלָּה "cuando terminó" (NVI), perfecto acompañado del pronombre relativo combinado con una preposición. Como verbo, esta raíz aparece 206 veces; 64 veces en *qal* "acabar, terminar, agotarse etc.". La raíz *qal* aparece intransitivamente. La forma *pi'el* "acabar, completar" ocurre 140 y se usa transitivamente. Las otras dos veces se encuentran en *pu'al*.[21] El *pi'el* de este verbo es factitivo y en este versículo marca el fin de una acción por su significado léxico. El sentido de la conjugación expresa sin duda alguna el factitivo.

וַיְשַׁלַּח אֶת־הָעָם "despidió al pueblo", *pi'el* imperfecto con *waw* consecutiva. Quizá sea resultativo (véase 1:8).

4:18

וַתְּכַסֵּהוּ "ella le cubrió", *pi'el* imperfecto con *waw* consecutiva. En este contexto, la raíz כסה tiene el sentido de "arroparse, abrigarse" en *pi'el*. Esta raíz se encuentra 155 veces usualmente en *pi'el*.[22] Hay unos pocos casos en *qal* (Sal 32:1; Pr 12:16), algunos en *nif'al* (Jr 51:42; Ez 24:8) y otros pocos en

---

"estremecerse"; 3) los que describen los estados físicos: צָמֵא "estar sediento"; לָבַשׁ "estar vestido" y 4) miscelánea: יָכֹל "ser capaz de", שָׁכֵן "habitar".

[20] Ernst Jenni, *Das hebräische pi'el: Syntaktisch-semasiologische Untersuchung einer Verbalform im Alten Testament* (Zürich: EVZ-Verlag, 1968), 20.

[21] Gerleman, "כלה", *DTMAT,* 1: 1137-1140; William R. Domeris y Cornelis Van Dam, "כלה", *NIOTTE*, 2: 641-643; John N. Oswalt, "כלה", *TWOT*, 1: 439.

[22] W. R. Domeris, "כסה" *NIOTTE*, 2: 674-678.

hitpa'el (Gn 24:65; 1 R 11:29; Is 59:6; 2 R 19:1s; Is 37:1s; Jon 3:8; Pr 26:26). Con dificultad se define el sentido exacto de la conjugación al compararla con la conjugación *qal*, porque son muy escasos los casos encontrados en la forma *qal*. Además, en los dos casos no hay ninguna diferencia notable en cuanto al sentido de las dos conjugaciones. En ambas conjugaciones, la raíz significa "cubrir, ocultar". El verbo tiene cognados en idiomas semíticos y tiene un *qal* transitivo, sin embargo, no necesariamente factitivo, porque el *pi'el* es transitivo. Se podría pensar, como en el caso del דבר, que toda la raíz verbal es denominativa no solamente la conjugación *pi'el*. El sustantivo base sería כְּסוּי "cubierta, funda" (lo cual es un participio pasivo sustantivado) o כְּסוּת "cobertura, velo, chal, ropa". Por el contrario, quizás los sustantivos son deverbales y no, el verbo denominativo. En tal caso se podría decir que el sentido es resultativo, pero como el verbo se usa tan poco en *qal* hay muy poca base para esta conclusión.

4:22

אֲשֶׁר־אַתָּה מְבַקֵּשׁ "que tú buscas", *pi'el* participio. El verbo no existe en *qal*. Se encuentra en las 222 veces en *pi'el* y tres en *pu'al*. El análisis de la conjugación *pi'el* depende de idiomas cognados. El lexema está bien documentado en los idiomas semíticos. En fenicio *bqš* "buscar, encontrar, hallar"; en ugarítico *bqṯ* "buscar, registrar, procurar", en arameo, siríaco *bḥš* "rascar, observar, examinar, agitar"; en mandeo *bqš* "agitar, conmover, incitar, buscar, examinar"; en árabe *bahaṯa*, "buscar, investigar, explorar".[23] El uso *pi'el* en el hebreo bíblico no se diferencia de sus

---

[23] Chitra Chheri, "בקש", *NIDOTTE*, 1:720-7; Johannes Botterweck y Helmer Ringgren, *Diccionario Teológico del Antiguo Testamento*, trad. por Alonso de la Fuente y Mariano Herranz (Madrid: 1973), 1: 767-782; Alonso Schökel, *Diccionario bíblico*, 132-133; David J. A. Clines, "בקש" *The Dictionary of Classical Hebrew* (1995), 2:254-256; Leonard J Coppes, "בקש", *TWOT*, 1: 126.

cognados en los idiomas semíticos en cuanto a la transitividad e intransitividad. Ya que, en los otros idiomas cognados, el verbo es transitivo esto permite descartar el sentido factivo. Conviene considerar también otras posibilidades dentro de las más cercanas. ¿Puede ser denominativo? El sustantivo בקשה "petición" (Est 5: 3,7, 8; 7:3; 9:12 y Ez 7:6) es un infinitivo de *pael* (arameo).[24] Así que no puede ser un *pi'el* denominativo, sino un sustantivo deverbal. Si intensifica algo no se sabe exactamente por la ausencia de la conjugación *qal*. Esta raíz no se clasifica en ninguna de las categorías estudiadas en el capítulo 2.

5:2

בָּרְכוּ "bendecid", *pi'el* imperativo, segunda persona plural de la raíz ברך. La raíz y sus derivados ocurren 415 veces en el Antiguo Testamento mayormente en la conjugación *pi'el* (214) "bendecir". El *qal* pasivo participio "bendito" ocurre 61 veces y en expresiones como "bendito sea Dios", para dar gracias a Dios. La raíz significa "arrodillarse", ocurre tres veces; dos veces en *qal* (2 Cr 6:13; Sal 95:6) y la otra en *hif'il* (Gn 24:11). La forma *qal* es denominativa; del sustantivo ברך "rodilla".[25] Para entender mejor el sentido de la conjugación *pi'el* conviene aclarar los matices entre las 61 ocurrencias de la forma *qal* participio pasivo, las cuales se traducen de la misma manera en español. Según Faur, la raíz es denominativa y delocutiva. Como un verbo denominativo, se deriva del sustantivo בְּרָכָה "bendición, beneficios, regalo". Significa comunicar un poder beneficiario a alguien (Éx 23:25) o algo (Gn 27:30), como delocutivo se deriva de ברוך significa "decir o proclamar ברוך". Es muy dudoso que la raíz verbal בָּרֵךְ provenga del sustantivo בְּרָכָה. Lo opuesto es más plausible; el sustantivo

---

[24]Coppes, "בקש", *TWOT*, 1: 126.

[25] Oswalt, "ברך", *TWOT*, 1: 132-133; Schökel, *Diccionario*, 136.

בְּרָכָה se deriva de la raíz verbal בְּרֵךְ. En este sentido, el sustantivo בְּרָכָה es deverbal y no el verbo denominativo. Según C. A. Keller y G. Wehmeer, la conjugación *pi'el* de esta raíz presenta otros matices de significado, especialmente factitivo y declaratorio-estimativos, según el sujeto.[26] En este versículo, la conjugación *pi'el* tiene el sentido delocutivo: "declarar ברוך a Jehová".[27] Sin embargo, se debe ser muy prudente al generalizar el sentido a toda la raíz.

5:3

אֲזַמֵּר "haré música, cantaré", *pi'el* imperfecto de זמר "cantar, hacer música".[28] El verbo se encuentra solamente en *pi'el*. Por lo menos tres sustantivos se derivan de esta raíz: זִמְרָה "música, canto" (Sal 81:3, Am 5:23), זָמִיר "canto acompañado con instrumentos de música (Is 25:5) y מִזְמוֹר que se utiliza para titular a 57 salmos, significa también "cantos con instrumentos de música".[29] Es obvio que no es una raíz denominativa, al contrario, los sustantivos son deverbales. La raíz está bien atestaguada en los idiomas semíticos, en *acadio* y en *zamāru* "cantar, tocar un instrumento", en *árabe* y en *zamara* "soplar un instrumento de viento". De esta forma el sentido más palusible es el factitivo.

5:9

בָּרְכוּ יְהוָה "bendecid a Jehová", *pi'el* imperativo, sentido delocutivo (véase 5:2).

5:11

מִקּוֹל מְחַצְצִים "de la voz de los arqueros", solamente en *pi'el*

---

[26] C. A. Keller & G. Wehmeir, "ברך", DTMA, 1: 509-540.

[27] Ibíd., 521.

[28] Lambdin, *Introduction*, 245.

[29] Herbert Wolf, "זמר", TWOT, 1: 560.

participio masculino plural de la raíz חצץ. Se cataloga como un *pi'el* denominativo, derivado del sustantivo חֵץ "flecha".[30] El sustantivo significa "flecha, saeta, dardo, venablo".[31] Se puede entender como un denominativo productivo.

יְתַנּוּ צִדְקוֹת יְהוָה "allí repetirán los triunfos de Jehová", imperfecto 3ª masculino plural de תנה. Esta raíz se encuentra solamente en *pi'el* en Jue 5:11 y 40. Según sus orígenes en idiomas cognados, tales como arameo, particularmente en el tárgum, y el siríaco la raíz significaría "relatar, celebrar".[32] No hay un sustantivo del cual se puede decir que se deriva esta forma, por lo tanto no es denominativo; tampoco tiene una forma *qal* para determinar de manera si es factitivo o resultativo. Los idiomas cognados tampoco permiten ver esta relación de transitividad e intransitividad. Por lo tanto, se descarta por el sentido factitivo. Se podría pensar en la pluralización, porque la raíz se utiliza con sujetos en plural en las dos ocasiones, por ende, el sentido es iterativo.

5:12

דַּבְּרִי־שִׁיר "entona cántico", *pi'el* imperativo, conjugación denominativo productivo (véase 1:20).

5:14

מְחֹקְקִים "Los que prescriben, los que decretan"; *po'el* participio masculino plural. La raíz חקק aparece en el Antiguo Testamento y en la inscripción aramea antigua de la estatua de Hadad en Zincirli, en hebreo medio, arameo judaico, siríaco, árabe y etíope.[33] En el Antiguo Testamento aparece 12 veces; en *qal* 9

---

[30] BDB, 349; Herbert Wolf, "חצץ", *TWOT*, 1: 314.

[31] Alonso Schökel, *Diccionario*, 273.

[32] Leslie C. Allen, "תנה", *NIDOTTE*, 4: 311.

[33] Riggren, "חקק", *TDOT*, 5: 140.

veces (Jue 5:9; Is 22:16; Ez 4:1; 23:14 [participio pasivo]; Is 30:8; Job 19:23; Is 49:16; Prov. 8:27, 29).[34] La forma *qal* significa "grabar, diseñar, trazar".[35] La raíz tiene un segundo sentido: "decretar, mandar"; en *pu'al* y en *hof'al* (Job 19:23).[36] La forma *po'el/pol'el* significa "legislar, promulgar" (Is 33:22; Pr 8:15); y también "mandar". El participio significa "capitán" (Dt 33:21; Jue 5:14); "gobernante" (Ec 10:5).[37] Al parecer el sentido de la forma *po'el* se deriva del sustantivo חקּ "ley, mandato, regla etc.".[38] Hay una relación entre el participio; que significa "el que hace o promulga de la ley, el que prescribe, o decreta, una ley" y el sustantivo. Esta raíz es denominativa y es *po'el* denominativo productivo.

5:15

בָּעֵמֶק שֻׁלַּח בְּרַגְלָיו "en el valle se lanzó/ se precipitó a sus pies", *pu'al* perfecto de la raíz שׁלח. El sentido es resultativo (véase 1:8).

5:18

עַם חֵרֵף "pueblo que despreció", *pi'el* perfecto de la raíz חרף. La raíz ocurre en *qal*, el cual significa "afrentar, injuriar, insultar, ultrajar" (Sal 69:10; 119:42; Pr 27:11) y en *pi'el* "afrentar, injuriar, vilipendiar, deshonrar, burlarse, despreciar". El único sentido posible sintácticamente es el resultativo, porque el *qal* y en *pi'el* son transitivos por lo menos en las traducciones en español.

---

[34] Riggren, "חקק", *TDOT*, 5:140; Alonso Schökel, *Diccionario bíblico*, 275.

[35] Ibíd.

[36] Alonso Schökel, *Diccionario bíblico*, 275.

[37] Ibíd

[38] Peter Enns, "חק", *NIDOTTE*, 2: 251; Liedke, "חקק", *DTMAT*, 1: 868-876.

5:24

תְּבֹרַךְ מִנָּשִׁים "bendita entre las mujeres...", *pu'al* de la raíz בּרך. En este caso, la forma *pu'al* es el pasivo de la forma *pi'el*, así el sentido es delocutivo.

מִנָּשִׁים בָּאֹהֶל תְּבֹרָךְ "Sobre las mujeres bendita sea en la tienda", *pu'al* imperfecto de la raíz *pu'al* como el pasivo de *pi'el* tiene el sentido delocutivo (véase 5:2 y 5:24).

5:28

וַתְּיַבֵּב "se lamentaba", imperfecto con *waw* consecutiva de la raíz יבב. Ocurre únicamente en *pi'el* en este versículo de todo Antiguo Testamento. Significa "lamentarse, gemir, chillar".[39] Esta raíz corresponde a la forma *pa'el* D יבב del arameo que significa "sonar alarma, estar exultante".[40] Esta palabra se encuentra en el tárgum (Núm 10:7, 9) con el significado de "sonar alarma y romper olas uno contra otro".[41] La raíz se encuentra solamente en *pa'el*, la contraparte de *pi'el* en hebreo y en *hitpa'el*, la contraparte de *pu'al* significa "lanzar".[42] Quizá sea factitivo y un verbo onomatopéyico, relacionando el sonido de la alarma con el grito o la manera de hablar de una persona.

מַדּוּעַ בֹּשֵׁשׁ "por qué se atrasa...", *pol'el* perfecto del verbo vacío בושׁ. La forma *pol'el* se encuentra solamente en dos versículos. Fuera de este pasaje se encuentra solamente en Éx 32:1. וַיַּרְא הָעָם כִּי-בֹשֵׁשׁ מֹשֶׁה לָרֶדֶת מִן-הָהָר - "viendo el pueblo que Moisés tardaba en descender del monte...". Su significado es diferente de las demás conjugaciones en *qal* (avergonzarse), *pi'el* "avergonzar", aunque esta conjugación no se encuentra en el

---

[39] BDB, 383.

[40] Ibíd.

[41] Marcus Jastrow, *Dictionary of the Targum, the Talmud Babli and Yerushalmi, and the Midrashic Literature* (EE: UU: Hendrickson Publishers, 2003), 560.

[42] Ibíd.

hebreo bíblico; en *hif'il* "avergonzar". En *pol'el* significa "atrasar, demorar". Tal vez sea una expresión idiomática o proviene de otra raíz.

Según el estudio de John N. Oswalt, la raíz tiene 5 usos; el uso idiomático, el sentido de confusión, expresión de desgracia, vergüenza proviene de la imprudencia o de la acción inmoral. La forma *pol'el* se utiliza como modismo.[43] Por otro lado, Bill T. Arnold lo analiza como una raíz aparte que se utiliza en paralelo con אחר "retrasar, demorar, retardar".[44] No se sabe exactamente cual es el sentido de la conjugación. Su sentido no se encaja con ninguna clase. Así que no se clasifica.

מדוע אחרו "por qué se atrasa", *pi'el* perfecto de la raíz אחר atestiguada en varios idiomas cognados como el acadio, el arameo, el árabe y el ugarítico justamente como en hebreo, se utiliza generalmente en la conjugación duplicada.[45] En acadio, se encuentra en las tabletas de El-Amarna como *aḫāru* "ser tarde".[46] En el hebreo bíblico, de los diecisiete casos, solamente dos se encuentran en *qal* (Gn 32:5 y Pr 8:17), sin diferencias notables con el *pi'el*, la documentación en los idiomas cognados es muy limitada. De esta forma, no hay base firme a favor de un *pi'el* factitivo. Hace más sentido decir que la raíz verbal deriva de la preposición אחר "después". El *pi'el* de esta raíz tiene un sentido preposicional en hebreo y adverbial en español.

5:30

יְחַלְּקוּ "lo reparten" *pi'el* imperfecto de la raíz חלק. Es uno de los verbos utilizados por Waltke y O'Connor para ilustrar *pi'el* resultativo.[47] Ya se ha tratado en el capítulo 2 de la investigación

---

[43] John N. Oswalt, "בוש", *TWOT*, 1: 222-23.

[44] Bill T. Arnold, "אחר", *NIDOTTE*, 2: 360-61, 627.

[45] Bill T. Arnold, "אחר", *NIDOTTE*, 1: 360-361.

[46] Jenni, "אחר", *DTMAT*, 1: 184-194.

[47] Waltke y O'Connor, *Biblical Hebrew Syntax*, 406.

(véase la sección de los verbos resultativos).

6:5

לְשַׁחֲתָהּ "para devastarla" *pi'el* infinitivo constructo de la raíz שחת traducido "arruinar". Se encuentra esta raíz 151 veces en el Antiguo Testamento. Ocurre también en *hif'il* y *hof'al*. La diferencia entre las conjugaciones *pi'el* y *hif'il* no es perceptible, cuando se compara אֲשֶׁר הִשְׁחִיתוּ אֲבוֹתַי "que han destruido mis antepasados" (Is 37:12) (*hif'il*) y אֲשֶׁר שִׁחֲתוּ אֲבוֹתַי "que han destruido mis antepasados" (*pi'el*) (2 R 19:12). Los dos pasajes hablan de la misma historia. Las dos conjugaciones tienen el mismo sentido. La pregunta pendiente señala: ¿cuál es el sentido que tiene la conjugación *pi'el*? Quizás sea denominativo; si fuera así se derivaría del sustantivo שחת.[48] Este sustantivo significa "fosa, foso, zanja; calabozo; huesa, tumba, sepulcro, sepultura".[49] ¿Ayuda la etimología en idiomas cognados a determinar su sentido? El término, según Cornelis Van Dam, se distribuye extensamente en los idiomas semíticos.[50] Así que sintácticamente podría ser factitivo según la teoría de Jenni.

6:9

וָאֲגָרֵשׁ אוֹתָם מִפְּנֵיכֶם "Los eché delante de vosotros", *pi'el* imperfecto con waw consecutiva de la raíz גרש. La conjugación *pi'el* posiblemente tiene un sentido resultativo (véase 2:3).

6:13

אֲשֶׁר סִפְּרוּ-לָנוּ "que nos contó", *pi'el* perfecto de la raíz ספר que se encuentra en *qal* "contar" en *pi'el* "enumerar, narrar". En

---

[48] BDB, 1007. Los autores precisan en definición que es improbable que la raíz שחת sea el denominativo de שחת.

[49] Alonso Schökel, *Diccionario bíblico*, 758.

[50] Cornelis Van Dam , "שחת", *NIDOTTE*, 4 : 92.

pi'el, tiene el sentido iterativo, por ejemplo, cuando los padres relatan la historia a sus hijos en el sentido de la transmisión de la historia.[51] Sin embargo, la raíz se deriva del sustantivo סֵפֶר "libro, rollo, anotación, inscripción". Por esto, en la mayoría de las gramáticas introductorias se considera como un *pi'el* denominativo.[52] No obstante, no se debe hablar solamente de *pi'el* denominativo sino de una raíz verbal denominativa ya que se encuentra en otras conjugaciones. La conjugación *pi'el* es intensiva o iterativa; "contar" en *qal* y "relatar o contar" en *pi'el*.

6:17

אוֹת שֶׁאַתָּה מְדַבֵּר עִמִּי "señal de que has hablado conmigo", *pi'el* participio masculino singular, *pi'el* denominativo productivo (véase 1:20).

6:27

כַּאֲשֶׁר דִּבֶּר אֵלָיו יְהוָה "Que el Señor les había ordenado", *pi'el* perfecto, sentido denominativo productivo (véase 1:20).

6:28

נֻתָּץ "estaba derribado o está destruido", *pu'al* perfecto de נתץ en *qal* "derribar, destruir", en *pi'el* "demoler, derribar" (Dt 12:3; 2 Cr 31:1). En este contexto, sin duda el *pu'al* corresponde a la forma pasiva del *pi'el*. El sentido podría ser resultativo, si se considera en este mismo libro los usos del mismo verbo. Difícilmente se perciben las diferencias. En 6:30, los hombres de la ciudad dijeron a Joás: "Saca a tu hijo, pues debe morir, porque destruyó (*qal*) el altar de Baal". Sentido resultativo.

6:29

וַיְבַקְשׁוּ "e inquirieron", imperfecto con *waw* consecutiva de la

---

[51] Kautzsch, *Genesius Hebrew Grammar*, §52f.
[52] Lambdin, *Introduction*, 194.

raíz בקש. El verbo refuerza la idea del primer verbo, pero no del *qal* de la misma raíz. Probablemente corresponde al factitivo o resultativo. Por tal motivo, no se clasifica (véase 4:22).

6:36

דִּבַּרְתָּ "has hablado", *pi'el* perfecto, denominativo productivo (véase 1:20).

6:37

כַּאֲשֶׁר דִּבַּרְתָּ "como has hablado", *pi'el* perfecto, denominativo productivo (véase 1:20).

6:39

אֲנַסֶּה נָּא־רַק־הַפַּעַם בַּגִּזָּה "solamente probaré ahora otra vez con el vellón", *pi'el* imperfecto 1ª singular. En cuanto a su sentido, la conjugación *pi'el* no puede ser clasificada (véase 2:22).

7:6 y 7

הַמְלַקְקִים "Los que lamieron", *pi'el* participio de la raíz לקק; *qal* "lamer, lengüetear" (Ju 7:5; 1 R 21:19; 22:38). Por lo expresado antes, este verbo no puede ser pluralizante según los argumentos de Joüon (ver capítulo 2, la sección sobre los verbos intensivos pluralizantes). Al leer el versículo 5 según el *qal*, no hay evidencia semántica para el sentido intensivo. Tampoco existe evidencia para el sentido factitivo, si se lee con atención el versículo 5 donde la misma raíz se encuentra en *qal*. En los dos casos, se utiliza con la preposición ב. El sentido resultativo sí hace sentido en los casos encontrados en el libro de Jueces, sin embargo, no tiene el mismo sentido en 1 Reyes 21:19. En ese verso, se utiliza una vez en el sentido resultativo, pero los dos casos están en *qal*. Robert H. O'Connell lo clasifica en otra categoría. Este autor habla de verbos onomatopéyico/iterativo geminado que en *qal* significa "lamer", "beber a lengüetada", en *pi'el*.[53] Es aceptable el sentido onomatopéyico.

7:8

וְאֶת כָּל־אִישׁ יִשְׂרָאֵל שִׁלַּח אִישׁ לְאֹהָלָיו "y él envió a todos los hombres de Israel cada uno a su tienda", *pi'el* perfecto. Este verbo no se clasifica, aunque en este contexto el sentido del verbo es resultativo (véase 1:8, 25).

7:11

מַה־יְּדַבֵּרוּ "lo que dicen", *pi'el* imperfecto, denominativo productivo (véase 1:20).

7:13

וְהִנֵּה־אִישׁ מְסַפֵּר לְרֵעֵהוּ חֲלוֹם "he aquí un hombre contaba un sueño a sus compañero", *pi'el* participio de ספר. Es *pi'el* iterativo. En este sentido, significaría repetir la historia. La raíz también corresponde a la raíz denominativa (véase 6:13).

8:8

וַיְדַבֵּר אֲלֵיהֶם "les habló", *pi'el* imperfecto con *waw* consecutiva. La conjugación *pi'el* tiene el sentido denominativo productivo (véase 1:20).

8:15

הִנֵּה זֶבַח וְצַלְמֻנָּע אֲשֶׁר חֵרַפְתֶּם אוֹתִ "he aquí Zeba y Zaluma por los cuales se burlaron de mí", *pi'el* perfecto de חרף. El sentido de la conjugación *pi'el* puede ser resultativo e intensivo (véase 5:18).

9:1

וַיְדַבֵּר אֲלֵיהֶם "les habló a ellos", *pi'el* imperfecto, sentido

---

[53] Robert H. O'Connell, "לקק", *NIDTTE*, 2 : 819.

denominativo productivo (véase 1:20).

9:2

דַּבְּרוּ־נָא "hablad por favor", *pi'el* imperativo, sentido denominativo productivo (véase 1:20).

9:3

וַיְדַבְּרוּ "hablaron", *pi'el* imperfecto, sentido denominativo productivo (véase 1:20).

9:9

אֲשֶׁר־בִּי יְכַבְּדוּ "Que conmigo honra", *pi'el* imperfecto de כבד. La forma *pi'el* tiene el sentido factitivo. La conjugación *qal* es un estativo "ser pesado", "ser honrado", "ser una carga", "es grave". Claramente la conjugación *pi'el* recibe un sentido transitivo en este pasaje. Esto se debe por la presencia de los objetos afectado אֱלֹהִים וַאֲנָשִׁים "Dios/dioses y los hombres". La forma *pi'el* significa "honrar, enriquecer".[54] En este caso, se debate el tipo de factitivo.

En el *New International Dictionnary of Old Testament Theology and Exegesis*, se lee: "El q. [qal] tiene el sentido estativo de ser honrado, y el adj. [adjetivo] funciona como su part. [participio]. El *pi'el* y el *hif'il* son declarativos-estimativos, considerar a alguien o algo honorable, es decir honrar".[55] Sin embargo, no convence esta explicación. Al parecer el verbo significa "hacer honrado", y no involucra "considerar" ni "declarar". Se trata de usar el aceite para honrar o mostrar honra a alguien. Es mejor entender el verbo solamente como factitivo. Waltke y O'Connor lo clasifican como "factitivo real".

9:13

הַמְשַׂמֵּחַ אֱלֹהִים וַאֲנָשִׁים "que alegra a Dios y a los hombres",

---

[54] Allegue, *Diccionario*, 107.

[55] C. John Collins, "כבד", *NIDOTTE*, 2: 577.

pi'el participio de la raíz שׂמח. La forma *qal* es intransitiva o estativa y significa "estar contento, regocijarse". Por ejemplo, שָׂמַח לִבִּי "mi corazón se regocija" (Sal 16:9). La forma *pi'el* es generalmente transitiva. Se traduce "alegrar, hacer que se regocijen"; por ejemplo, וְשִׂמַּח אֶת־אִשְׁתּוֹ אֲשֶׁר־לָקָח "para hacer feliz a la mujer que tomó" (Dt 24:5). Los dos ejemplos pertenecen al *pi'el* factitivo.

9:24

אֲשֶׁר־חִזְּקוּ "que fortalecieron" la forma *qal* es un verbo estativo חזק "ser fuerte, severo" כִּי־חָזַק הָרָעָב בְּכָל־הָאָרֶץ "porque el hambre fue severa en toda la tierra" (Gn 41:57).[56] En *pi'el* la raíz pasa a ser a verbo de tipo transitivo como en este caso אֲשֶׁר־חִזְּקוּ אֶת־יָדָיו "que fortalecieron las manos de él". El sentido transitivo se explica también por la presencia de la partícula אֶת porque es una de las marcas del objeto directo en el hebreo. Entonces la conjugación *pi'el* de esta raíz tiene un sentido factitivo.

9:25

מְאָרְבִים עַל רָאשֵׁי הֶהָרִים "asechadores sobre las cumbres de los montes", participio *pi'el* de la raíz ארב. La forma *qal* significa "espiar, emboscarse, asecharse". La forma *pi'el* se encuentra solamente dos veces y se utiliza en la expresión "poner emboscadas" (Jue 9:25, 2 Cr 20:22). Se traduce como "asechadores o emboscadores". Waltke y O'Connor lo clasifican como un frecuentativo, ya que la forma *pi'el* designa una actividad repetitiva. Puede ser en 9:25, pero no en 2 Cr 20:22. En los dos ejemplos, la forma pertenece al participio plural. Por lo tanto, el uso del *pi'el* participio es un uso profesional.

---

[56] Traducción personal del versículo.

9:27

וַיְקַלְלוּ אֶת־אֲבִימֶלֶךְ "maldijeron a Abimelec". El verbo es *pi'el* imperfecto con *waw* consecutiva de la raíz קלל. La forma *qal* es un estativo. Significa "ser ligero, rápido, despreciado". En *pi'el*, significa "maldecir, echar maldiciones". En *pi'el*, la forma estativa pasa a ser un fientivo transitivo y en este versículo la partícula אֶת es otra señal de la transitividad. Así se puede concluir que la conjugación *pi'el* tiene un sentido factitivo, especialmente delocutivo.

9:29

רַבֶּה צְבָאֶךָ "aumenta tus ejercicios", imperativo segunda persona masculina singular de רבה. En *qal*, significa "ser mucho, ser muchos, numerosos, grande, fuerte". La forma *pi'el* significa "aumentar, multiplicar"; es decir, "hacer que sean muchos". El *pi'el* es factitivo.

9:37

וַיֹּסֶף עוֹד גַּעַל לְדַבֵּר "volvió Gaal a hablar", *pi'el* infinitivo, sentido denominativo productivo (véase 1:20).

9:37 (po'el)

מְעוֹנְנִים "los que adivinan", *po'el* participio de la raíz ענן. Este verbo tiene matices diferentes que el verbo usado en Gn 9:14, el cual es *pi'el* denominativo del sustantivo עָנָן "nube".[57] Con el matiz que se utiliza en este versículo tiene once ocurrencias en el texto hebreo. Esta forma verbal puede significar "adivinar, vaticinar, augurar, presagiar" y el participio "adivino, arúspice, agorero, astrólogos".[58] El significado es incierto. Según Ronald B. Allen es cuestionable si esta variedad de ocultismo está conectada con las

---

[57] BDB, "ענן", 778.
[58] Alonso Schökel, *Diccionario,* 579.

nubes como las raíces de las palabras parecen indicar.[59] Sin concluir el autor sugiere que es una palabra onomatopéyica. El sonido de la palabra es el sonido hecho por el que realiza el arte.[60] Se podría pensar también en uso de participio para designar una profesión lo que es una clase del uso frecuentativo. Sin embargo, el verbo no se usa en *qal*, por lo tanto, el uso más plausible, aunque no conclusivo es onomatopéyico.

9:41

וַיְגָרֶשׁ זְבֻל אֶת־גַּעַל וְאֶת־אֶחָיו "y Zebul expulsó a Gaal y a sus hermanos", *pi'el* imperfecto con de la raíz גרשׁ. El sentido de la conjugación *pi'el* puede ser resultativo o intensivo (véase 2:3).

9:48

מַהֲרוּ "apresuraos", *pi'el* imperativo de מהר. Esta raíz se encuentra solamente en *nif'al* (4 veces) y en piel (78 veces) en el hebreo. Su cognado es amplia o extensamente atestiguado en otros idiomas; en árabe *mahara*, "ser habilidoso, ser experimentado"; en etíope *mähärä* "capacitar a enseñar"; en siríaco *m͏ehar* "entrenar, enseñar"; en egipcio *māha* "guerrero entrenado".[61] Esta raíz significa en hebreo "darse prisa, apresurarse". Este significado aparece solamente en hebreo. La forma *pi'el* se utiliza independientemente. El *pi'el* de esta raíz tiene un sentido adverbial; del adverbio מַהֵר "rápido, rapidamente".

9:54

וּמוֹתְתֵנִי "mátame" *pol'el* imperativo de מות. Ocurre 630 veces en *qal* "morir", 9 en *pol'el* "matar", en *hif'il* "matar" 138, en *hof'al* 68 veces "ser matado". Gramaticalmente el *pol'el* es

---

[59] Ronald B. Allen, "עָנַן", *TWOT*, 2: 969.

[60] Ibíd.

[61] Tomasino, "מהר", *NIDOTTE*, 2:857; Ringgren, "מהר", *TDOT*, 8:138-142.

transitivo, acompañado de un objeto directo como sucede en este versículo más el sufijo pronominal. En este sentido, se clasifica como factitivo.

10:8

וַיִּרְעֲצוּ אֶת־בְּנֵי יִשְׂרָאֵל "oprimieron a los hijos de Israel", *po'el* imperfecto con *waw* consecutiva de la raíz רצץ. Se utiliza solamente esta vez en esta conjugación. Esta forma equivale al *pi'el*. En *qal*, significa "explotar, maltratar" y en *pi'el* "oprimir".[62] Es un ejemplo del uso de *po'el* (= *pi'el*) para expresar el sentido metafórico en vez del sentido literal.

11:2

וַיְגָרְשׁוּ אֶת־יִפְתָּח "echaron a Jefté", imperfecto con *waw* consecutiva de גרש, el sentido *pi'el* es resultativo o intensivo (véase 2:3).

11:7

הֲלֹא אַתֶּם שְׂנֵאתֶם אוֹתִי וַתְּגָרְשׁוּנִי מִבֵּית אָבִי "¿no me odiasteis y no me echasteis de la casa de mi padre?", *pi'el* imperfecto con *waw* consecutiva de la raíz גרש, la cual tiene el sentido resultativo o intensivo (véase 2:3).

11:11

וַיְדַבֵּר יִפְתָּח "Jefté habló", *pi'el* imperfecto sentido denominativo productivo (véase 1:20).

11:40

לְתַנּוֹת "para conmemorar", *pi'el* infinitivo constructo de תנה "conmemorar", sentido iterativo (véase 5:11).

---

[62] Allegue, *Diccionario bíblico*, 214.

12:6

וְלֹא יָכִין לְדַבֶּר "no podía pronunciar", *pi'el* infinitivo sentido denominativo productivo (véase 1:20).

12:9

שִׁלַּח הַחוּצָה "envió fuera", *pi'el* perfecto de la raíz verbal שׁלח, la cual no puede ser clasificada en ninguna categoría (véase 1:8). Tal vez pertenezca al resultativo en este contexto.

13:10

וַתְּמַהֵר הָאִשָּׁה "y corrió la mujer", *pi'el* imperfecto con *waw* consecutiva de מהר. Es *pi'el* adverbial. (Véase 9:48).

13:14

כֹּל אֲשֶׁר־צִוִּיתִיהָ "todo lo que le mandé", *pi'el* prefecto de צוה. El significado de esta forma no entra en ninguna categoría (véase 2:20).

13:17

וְכִבַּדְנוּךָ "Te honremos", *pi'el* perfecto con *waw* consecutiva. Tiene un sentido factitivo (véase 9:9).

13:24

וַיְבָרְכֵהוּ יְהוָה "Jehová lo bendijo", *pi'el* imperfecto con *waw* consecutiva de la raíz ברך. En este contexto la raíz tiene el sentido factitivo real ya que Dios es el sujeto del verbo (véase 5:2).

14:4

כִּי־תֹאֲנָה הוּא־מְבַקֵּשׁ "que buscaba (*pi'el* participio masculino) la ocasión contra". La forma *pi'el* de esta raíz es independiente, porque no depende de una forma *qal*, ni de un sustantivo (véase 4:22).

14:6

וַיְשַׁסְּעֵהוּ כְּשַׁסַּע הַגְּדִי "lo despedazó como se despedazaba un cabrito", *pi'el* con *waw* consecutiva de la raíz שסע e infinitivo con כ. Esta raíz se encuentra 5 veces en *qal* (Lev 11:3, 7; Dt 14:6; Lev 11:26; Dt 14:7). Significa "partir, romper". Siempre se refiere a la pezuña partida del animal. En *pi'el*, significa "rasgar" (Lev 1:17), "descuartizar" (Jue 14:6), "disuadir" (1 S 24:8). Las tres veces en *pi'el* se refieren a una persona desgarrando un animal. Describe también la acción del sacerdote desgarrando un ave por sus alas (Lev 1:17).[63] En este pasaje, se enfatiza que Sansón despedazó el león como quien despedaza a un cabrito. Se puede ver también en la conjugación como un resultativo, porque las formas *qal* y *pi'el* son transitivas. El contexto contribuye de toda manera para que sea intensivo o resultativo.

14:7

וַיְדַבֵּר לָאִשָּׁה "habló con la mujer", *pi'el* imperfecto con waw consecutiva. Tiene el sentido denominativo productivo (véase 1:21).

14:15

פַּתִּי אֶת־אִישֵׁךְ "seduce a tu esposo", *pi'el* imperativo de la raíz פתה; verbo denominativo que significa "ser simple" del sustantivo פֶּתִי "simplicidad".[64] La forma *qal* significa "ser ingenuo" y la conjugación *pi'el* "seducir" y aun "persuadir" Por lo tanto, este es un verbo estativo y la forma *pi'el* transitiva. Por consiguiente, el sentido encaja en el factitivo.

14:20

אֲשֶׁר רֵעָה לוֹ "que había considerado como amigo", *pi'el*

---

[63] Richard Hess, "שסע", *NIDTTE*, 4: 199-200.
[64] BDB, 834.

perfecto tercera masculina singular de la raíz רעה. La forma verbal se deriva del sustantivo רֵעַ "amigo, compañero, otra persona";[65] con otros significados especiales "querido, vecino".[66] La forma verbal significa "asociarse con, ser amigo de"; en total se utiliza 7 veces en diferentes conjugaciones en *qal, pi'el* y en *hitpa'el*.[67] Es *pi'el* denominativo.

15:5

וַיְשַׁלַּח בְּקָמוֹת פְּלִשְׁתִּים "soltó las zorras en los sembrados de los filisteos", *pi'el* imperfecto con waw consecutiva de la raíz שלח. Es resultativo (véase 1:8).

15:17

וַיְהִי כְּכַלֹּתוֹ לְדַבֵּר "cuando terminó de hablar". Estos son dos infinitivos constructos de la raíz כלה y דבר. Los dos infinitivos se utilizan sucesivamente con las preposiciones כ y ל y precedidos por la marca del pasado ויהי. La raíz כלה es factitiva (véase 3:18), mientras que la raíz דבר corresponde al denominativo productivo (véase 1:21).

16:5

פַּתִּי אוֹתוֹ "sedúcelo", *pi'el* imperativo de la raíz פתה. La forma *pi'el* es factitiva (véase 14:15).

לְעַנֹּתוֹ "para reducirlo o para humillarlo", infinitivo constructo de ענה. Existen tradicionalmente cuatro raíces homónimas en los diccionarios. Una significa "responder" en *qal*, *nif'al* y *hif'il*; una segunda "cantar" (en *qal* y *pi'el*), una tercera

---

[65] Ibíd.

[66] Koehler & Baumgartner, *The Hebrew and Aramaic Lexicon of the Old Testament* (Leiden: Brill, 2001), 1253-5.

[67] William White, "רעה", *TWOT*, 2: 852.

"estar ocupado con, ocuparse" (solamente *qal*). Por último, la que se concierne aquí existe en *qal* "postrasrse", *nif'al* "inclinarse", *pu'al*, *pi'el* "afligir, atribular", *hif'il* y *hitpa'el* "someterse"[68] y significa basicamente "ser mísero".[69] Según Leonard L. Coppes, el verbo se encuentra en qal pocas veces con diferentes significados, mayormente en *pi'el* intensificando el concepto.[70] Un argumento que no es muy sólido porque de manera clara se ve que no intensifica el sentido del verbo en *qal*. Sin embargo, el sentido del verbo se ha considerado también como factitivo. Jenni lo clasifica en el grupo de raíces *pi'el* con *hif'il*.[71] Las veces que la raíz se encuentra en *qal* no contradicen el sentido factitivo. Es mejor optar por el sentido factitivo.

16:6

לְעַנּוֹתֶךְ "para humillarlo o para dominarlo, domarlo", *pi'el* infinitivo constructo, sentido sintáctico factitivo (véase 16:5).

16:7 (pual)

לֹא־חֹרָבוּ "no están secos", la forma verbal pertenece al *pu'al* perfecto de la raíz חרב "secarse, estar seco". La raíz se encuentra en *qal, pu'al, hif'il*. El *hif'il* tiende a ser causativo "secar en lugar de secarse", o "estar seco". Mayormente, no hay diferencia notable, semánticamente hablando, entre el *qal* y el *pu'al*. La única diferencia en qal tiende a ser reflexivo y el *pu'al* a ser pasivo.

חָרְבוּ הַמַּיִם מֵעַל הָאָרֶץ
"Las aguas se sacaron (*qal*) sobre la tierra" (Gn 8:13).
אִם־יַאַסְרֻנִי בְּשִׁבְעָה יְתָרִים לַחִים אֲשֶׁר לֹא־חֹרָבוּ

---

[68] Para estudiar estas raíces homónimas se recomienda NIDOTTE, 3: 446-454.
[69] Jenni, *DTMAT*, 2:436
[70] Coppes, "ענה", *TWOT*, 2: 682.
[71] Jenni, *Das hebräische Pi'el*, 21.

"Si me atan con siete cuerdas frescas que no estén secas" (*pu'al*) (Jue 16:17).

Ya que no hay una forma *pi'el* activa se debe pensar en la posibilidad de un qal pasitivo en vez de *pu'al*. Sin embargo, esta forma no tiene el sentido pasivo de un *qal*. El verbo se usa varias veces en *qal* y en *hif'il*, pero solamente aquí y en el versículo siguiente en *pu'al*. Uno se pregunta si esta forma no común se usa aquí con algún significado especial. La raíz se usa ampliamente en idiomas cognados y además es intransitivo en *qal* según lo subraya Baumgarter.[72] Por lo tanto, se puede aceptar como factivivo. De hecho, Alonso Schökel la toma como factitivo: "sin dejarlas secar" (*Biblia del Peregrino*).

16:8 (pu'al)

אֲשֶׁר לֹא־חֹרָבוּ "que están secados" o "que no se habían secado"; *pu'al* perfecto de la raíz חרב. Es *pu'al* factitivo (véase 16:7).

16:9

שִׁמְשׁוֹן וַיְנַתֵּק אֶת־הַיְתָרִים "Sansón rompió las cuerdas", *pi'el* imperfecto con *waw* consecutiva de נתק. La forma *qal* significa "arrancar, quitar, alejar" (Jue 20:32), la forma *pi'el* "romper, saltar hacer saltar". Según el contexto, la conjugación tiene el sentido intensivo. No se puede decir con toda seguridad que la raíz *pi'el* en sí misma es intensiva pero este contexto está a favor de esta interpretación.

16:10

וַתְּדַבֵּר אֵלַי כְּזָבִים "me dijiste mentiras", *pi'el* imperfecto con *waw* consecutiva de la raíz denominativa productiva דבר (véase 1:21).

---

[72] Baumgartner, *HALOT*, 349.

16:12

וַיְנַתְּקֵם מֵעַל זְרֹעֹתָיו כַּחוּט "y los rompió en sus brazos como un hilo", imperfecto con *waw* consecutiva del *pi'el* intensivo de la raíz נתק (véase 16: 9). No se excluye el sentido resultativo.

16:13

וַתְּדַבֵּר אֵלַי כְּזָבִים "me has dicho mentiras", *pi'el* imperfecto con *waw* consecutiva de la raíz denominativa productivo דבר (véase 1:21).

16:16

וַתְּאַלֲצֵהוּ "y lo importunó", imperfecto con *waw* consecutiva de la raíz אלץ "presionar, insistir, importunar". Este verbo es un hápax. Se encuentra solamente en este pasaje.[73] El contexto da al verbo un toque de intensidad. Sin embargo, no tenemos suficiente información para saber cómo clasificarlo.

16:17 (pu'al)

אִם־גֻּלַּחְתִּי "si fuera rapado", *pu'al* perfecto de גלח. La forma *pu'al* pertenece al pasivo de la conjugación *pi'el*. Ocurre 23 veces; 18 en *pi'el*, tres veces en *pu'al* (Jue 16:17, 22; Jer 41:5) y dos veces en *hitpa'el* (Lev 13:33; Nm 6:19).[74] Es evidente la forma simple en árabe *jaliha* "ser calvo".[75] La forma duplicada en hebreo se debe al resultado de la transitivización de la forma encontrada en los idiomas cognados. En todo caso tiene un sentido factitivo.

16:19

וַתְּיַשְּׁנֵהוּ עַל־בִּרְכֶּיהָ "ella lo hizo dormir sobre sus rodillas",

---

[73] M. Daniel Caroll R., "אלץ", *NIDOTTE*, 1: 418.

[74] Robert L. Alden, "גלח", NIDOTTE, 1: 866; Alonso Schökel, *Diccionario*, 160.

[75] Waltke y O'Connor, *Biblical Hebrew Syntax*, 400.

imperfecto con *waw* consecutiva de יְשַׁן "dormir, estar ausente". La forma *pi'el* en este versículo concierne al sentido factitivo, "hacer dormir".[76] Pues en *qal* el verbo no es fientivo, sino verbo estativo. Por esto es factitivo en vez de ser causativo.

וַתְּגַלַּח אֶת־שֶׁבַע מַחְלְפוֹת "ella rapó sus sietes guedejas", *pi'el* imperfecto con *waw* consecutiva de גלח. Tiene el sentido factitivo (véase 16:17).

וַתָּחֶל לְעַנּוֹתוֹ "y ella comenzó a afligirlo (*pi'el* infinitivo constructo)". Posiblemente sea factitivo (véase 16:2).

16:21

וַיְנַקְּרוּ אֶת־עֵינָיו "le arrancaron los ojos", imperfecto con waw consecutiva de la raíz נקר. La forma *qal* y *pi'el* tienen prácticamente el mismo significado. Ambas formas son transitivas en *qal* (Pr 30:17, 1 S 11:3) y en *pi'el* (Nm 16:14). Posiblemente es resultativo o intensivo.

16:22

לְצַמֵּחַ "a crecer", infinitivo constructo de צמח. Esta raíz se encuentra también en otros idiomas semíticos. Ocurre 33 veces en el Antiguo Testamento; 15 en *qal*, 14 en *hif'il* y 4 en *pi'el*. H. Ringgren Uppsala subraya que *pi'el* de este verbo se utiliza en una manera metafórica. Por ejemplo, el crecimiento del cabello de Sansón en el texto se refiere también al crecimiento del pelo de una joven en Jerusalén (Ez 16:7); y las barbas de los enviados de David contaminados por los amonitas.[77] La comparación sería al estado inicial del cabello de Sansón. Este sentido metafórico se parece al sentido resultativo irreal de Jenni.[78] Esto quiere decir que la forma *qal* se utiliza en su sentido propio y *pi'el* en su sentido figurado.

---

[76] BDB, 445.

[77] Ringgren, "צמח", *TDOT*, 12: 411.

[78] Waltke y O'Connor, *Biblical Hebrew Syntax*, 407.

Este contexto no permite hablar de manera figurativa.

Allen P. Ross considera este verbo como un intensivo; en *qal* significa "crecer" y en *pi'el,* "crecer con lujo".[79] Tiene más sentido este último, si se considera que Sansón había sido rasurado o rapado por completo. "Crecer" en este sentido representa la intensidad de la acción. Entonces el sentido de la conjugación *pi'el* de la raíz es intensivo.

גִּלַּח כַּאֲשֶׁר "cuando fue rapado", *pu'al* perfecto sentido factitivo (véase 16:17).

16:24

הָעָם וַיְהַלְלוּ אֶת־אֱלֹהֵיהֶם "el pueblo y alabaron a su dios", imperfecto con *waw* consecutiva de הלל. Esta raíz en el hebreo bíblico se encuentra en *pi'el* (113 veces), *pu'al* (10 veces) y *hitpa'el* (23 veces). Probablemente sea un verbo denominativo. Sin duda se considera un verbo onomatopéyico como lo hizo ver C. Westerman.[80] ¿Podría ser factitivo? La raíz tiene correspondencia en la mayoría de los idiomas semíticos; en el acadio *aāllu* "gritar, cantar, regocijarse, jactarse", en el siríaco *hallel* "alabar, ensalzar"; en ugarítico *hll* "gritar" y en el árabe *halla* (IV) "cantar con alegría a alguien".[81] Además al ser atestiguado en otros cognados en los cuales la raíz es intransitiva, se usa transitivamente en *pi'el*. Con seguridad es factitivo. Si es onomatopéyico y además factitivo. Particularmente sería un factitivo irreal es decir delocutivo y significaría "decir alabado a Jah" (véase sección sobre el *pi'el* delocutivo en el capítulo 2, en explicación de los usos).

16:25

קִרְאוּ לְשִׁמְשׁוֹן וִישַׂחֶק־לָנוּ "llamen a Sansón para que nos haga

---

[79] Allen P. Ross, *Manual del hebreo bíblico de Ross*, trad. y adap. por por J. Ismael Ramírez P. (Notas de clases, Seminario Teológico Centroamericano, Guatemala, 1988), 199.

[80] C. Westermann, "הלל", *DTMAT*, 1: 692-740.

[81] Chou-Wee Pan, "הלל", NIDOTTE, 1: 1038.

reír, o para que nos divierta". La forma וַיִּשַׂחֵק es un imperfecto con *waw* consecutiva de la conjugación *pi'el* de la raíz שׂחק. Se alterna con צחק. La conjugación *qal*, por lo regular, significa "reír". La conjugación *pi'el* según Kautzsch intensifica la acción del *qal* "divertirse, mofarse, reír repetidamente".[82] El verbo además tiene un sentido causativo o factitivo: "uno se ría". Pero no ha existido todavía un término que abarque estos dos términos. Además, la raíz no se utiliza transitivamente (véase el siguiente ejemplo).

וַיְצַחֵק לִפְנֵיהֶם "*et il joua devant eux*"[83] (Jos 16:25); es decir "y jugó delante de ellos", imperfecto de la raíz צחק. Normalmente esta raíz se cita como intensiva en este trabajo, pero también se puede considerar el sentido factitivo.

16:28

וְחַזְּקֵנִי נָא "fortaléceme por favor", imperativo de la raíz חזק. En *qal*, es un verbo estativo "ser fuerte". La forma *pi'el* significa "fortalecer".[84] La conjugación duplicada pertenece al sentido factitivo.

17:5

וַיְמַלֵּא אֶת־יַד "y consagró", literalmente la frase se traduce "llenar la mano". Se compone de un imperfecto con *waw* consecutiva de la raíz מָלָא y del sustantivo יָד con la partícula אֵת (objeto directo). La raíz verbal en *qal* significa "estar lleno" del adjetivo מָלֵא.[85] El sentido de la forma *pi'el* es factitivo, porque pasa de un verbo estativo a un verbo transitivo; "llenar, completar".

---

[82] Kautzsch, *Gesenius Hebrew Grammar*, §52f.
[83] Traducción del idioma francés: "Louis Segond", jugar tiene el sentido de "actuar como un cómico".
[84] Joüon & Muraoka, *Gramática*, §42.
[85] Ibíd., §fl.

17:12

וַיְמַלֵּא מִיכָה אֶת־יַד הַלֵּוִי "Micaía consagró al levita", imperfecto con *waw* consecutiva de מלא. *Pi'el* factitivo (véase 17:5).

18:1

הַדָּנִי מְבַקֶּשׁ־לוֹ נַחֲלָה "Los danitas estuvieron buscando para ellos una posesión", *pi'el* participio absoluto de la raíz בקשׁ no puede ser categorizado en las clases mencionadas en el capítulo 2 (véase 4:22).

18:2

לְרַגֵּל אֶת־הָאָרֶץ "para explorar la tierra", infinitivo constructo de רגל. Es un verbo denominativo del sustantivo רֶגֶל que significa "pie". El sustantivo tiene su cognado en etíope y árabe. Aparece 26 veces en el hebreo bíblico. En *qal* (Sal 15:3), significa "calumniar", 24 veces en *pi'el*. Se traduce por "calumniar, explorar (un país o una ciudad), espiar, enseñar a andar, murmurar". En *hif'il* (Os 11:3), ocurre una vez como "enseñar a caminar". Esta última parece tener un sentido factitivo.[86] Sin embargo, el sentido factitivo se relaciona con la conjugación, pero si se estudia más la raíz es denominativa. En este sentido, se puede concluir que el sentido primero del verbo es denominativo.

19:3

לְדַבֵּר עַל־לִבָּהּ "para hablar a su corazón", verbo denominativo derivado del sustantivo דבר (véase 1:21).

19:15

וְאֵין אִישׁ מְאַסֵּף־אוֹתָם "nadie los acogiera", participio absoluto

---

[86] Mainz F. J. Stendebach, "רֶגֶל", *TDOT* :12, 309-324.; E. H. Merril, "רֶגֶל", *NIDOTTE*, 3: 1046-1047.

de אסף. Según Jenni, el sentido básico de este verbo es resultativo en Jue 19:15, 18. Explica también otras situaciones en las cuales el verbo se utiliza en este sentido.[87] En este contexto especial puede ser resultativo ya que indica no el proceso sino el resultado de lo que había pasado al joven levita.

19:18

וְאֵין אִישׁ מְאַסֵּף אוֹתִי הַבָּיְתָה "No hay quien me acogiera en la casa", participio absoluto, resultativo en este contexto.

19:25

וַיְשַׁלְּחוּהָ בַּעֲלוֹת הַשָּׁחַר "y la dejaron cuando apuntaba el alba" imperfecto con *waw* consecutiva de שָׁלַח. Su sentido es probablemente resultativo (véase 1:8).

19:29 (2 casos)

וַיְנַתְּחֶהָ לַעֲצָמֶיהָ "y la despedazó por sus huesos", imperfecto con *waw* consecutiva de נתח. El verbo se encuentra solamente en *pi'el*. Sus usos se relacionan con cadáveres o animales (Jue 20:6; 1 S 11:7; 1 R 18:23, 33), "hacer tajadas" (Éx 29:17; Lv 1:6; 12; 8:20), "cortar los miembros" (Jue 29:19). El verbo aparece con un sustantivo cognado נתח el cual significa "pedazo, porción" y sobre todo "porción de carne".

Se encuentra algunos verbos en idiomas cognados; en árabe *nataḥa* "remover cabello", en idioma tigré *natha* "arrancar".[88] En hebreo se puede traducir como "despedazar, descuartizar". El sentido más plausible es el denominativo productivo; del sustantivo נתח "pieza".

---

[87] I. Cornelius, Andrew E. Hill, Cleon L. Rogers, jr, "אסף", *NIDOTTE*, 470-473.

[88] Carpenter, "נתח" *NIDOTTE*, 3: 201-202.

וַיְשַׁלְּחֶהָ בְּכֹל גְּבוּל יִשְׂרָאֵל "Les envió por todo el territorio de Israel", imperfecto con waw consecutiva de la raíz שׁלח. Es resultativo (véase 1:8).

19:30

וְדַבְּרוּ "hablad", verbo denominativo productivo de la raíz denominativa דבר (véase 1:21).

20:3

דַּבְּרוּ "hablad", imperativo masculino plural del verbo denominativo productivo דבר (véase 1:21).

20:5

דְּמוּ לַהֲרֹג וְאֶת-פִּילַגְשִׁי עִנּוּ וַתָּמֹת "quisieron (perfecto de דמה) matarme y a mi concubina la humillaron de tal manera que murió". Con seguridad, esta forma es factitiva. Dos argumentos favorecen este punto de vista; en primer lugar, la raíz existe en el arameo. La raíz en el idioma cognado, junto con la conjugación *qal*, cumplen con el requisito de la intransitividad. En segundo lugar, la conjugación *pi'el* cumple con el requisito de la transitividad.

Respecto a la existencia de la raíz en el arameo A. H. Konkel escribió:

> Fuera del hebreo esta raíz está reconocida en arameo; la palabra árabe *dumyat* "foto" es una palabra prestada del arameo. El sustantivo *demût* se encuentra en los papiros del museo de Brooklyn y significa igualdad (DISCO, 58). El verbo arameo *dm'* se encuentra en Palmira como un participio y su significado "ser similar" (ibíd). La variante *dm'* se encuentra en una inscripción bilingüe del segundo siglo de la era cristiana; la inscripción en G y Arameo, se refiere a "una persona que no era igual en belleza" (KAI 276.10). La ayin (') en lugar de alef (') es aparentemente una *mater lectionis* por la vocal final. Recientemente otro ejemplo de *demût* fue encontrado en una estela de Tell Fakhariryak

(Gropp and Lewis, 45-46, líneas arameas 1, 15); es una inscripción bilingüe en arameo y acadio puede fecharse a la segunda mitad del siglo noveno.[89]

En *qal*, el verbo significa "parecerse, ser semejante, competir, etc."[90] La conjugación *qal* es intransitiva o estativa de manera generalizada por un lado. Por otro lado, la forma *pi'el* significa, por lo general, "comparar y también planear, meditar, proyectar; pensar, creer".[91] De esta manera, la raíz cumple con el requisito de la transitividad en *pi'el*. Ya que la raíz se cumple con los criterios de intransividad en *qal* y transitidad en *pi'el*, la conjugación duplicada se clasifica como factitiva.

עִנָּה perfecto de עָנָה. Este verbo tiene sentido factitivo (véase 16:5).

20:6

וָאֶנַתְּחֶהָ "y la despedacé", imperfecto con *waw* consecutiva de la raíz נתח, el cual significa "romper en pedazo". Este verbo tendría un sentido denominativo productivo (véase 19:5).

וָאֲשַׁלְּחֶהָ "y la envié", imperfecto con *waw* consecutiva de la raíz שלח. Es resultativo.

20:13

וּנְבַעֲרָה "lo extirparemos", imperfecto con *waw* consecutiva de בער. En el *qal,* tiene distintos significados: "arder, prender; encender, inflamar, abrasar, estallar, declararse un incendio, quemar". El sujeto puede ser "el fuego" o "el combustible". En el *pi'el*, equivale a "encender, hacer fuego, prender, atizar, alimentar, quemar, extirpar, borrar, quitar". "Fuego" es el complemento.[92] En

---

[89] A. H. Konkel, "דמה", *NIDOTTE*, 1: 967

[90] Alonso Schökel, *Diccionario*, 180.

[91] Ibíd.

[92] Alonso Schökel, *Diccionario*, 126-128; Baumgartner, *HALOT*, 1:146.

ugarítico, significa "quemar", y en árabe "tener una sed insaciable".[93] Las dos conjugaciones tienen verbos transitivos; así no cabe el sentido factitivo. Aunque en este contexto se ve la intensidad del verbo, pero en otros contextos el *qal* también es intensivo. La única diferencia que se puede marcar entre los dos; el uso de la conjugación *pi'el* es casi literal.[94] El sentido más plausible es resultativo aquí; de allí la traducción "extirpar", también "devastar o arrasar", como efecto del prendimiento del fuego.

20:43

כָּתְרוּ אֶת־בִּנְיָמָן "envolvieron a Benjamín",[95] perfecto de la raíz כתר, utilizado en *pi'el* y en *hif'il;* "encerrar" (un sentido amistoso), "sitiar" (en un sentido hostil) también "esperar, coronar" (como refrenándose uno mismo). Posiblemente se deriva del sustantivo כֶּתֶר el cual significa "turbante", "decoración", "adorno", "corona". El verbo significaría "rodear con un seto".[96] Tal vez denominativo productivo.

20:45 (*po'el*)

וַיְעֹלְלֻהוּ "y lo hicieron un rebusco"[97] *po'el* imperfecto con *waw* consecutiva de עלל "rebuscar, hacer rebusco, perseguir, rastrear".[98] Este verbo denominativo productivo ocurre solamente en *po'el*, del sustantivo עֲלִילָה "restos de una cosecha".[99] En realidad el sustantivo es deverbal y el verbo no es denominativo;

[93] Robin Wakely, "בער", *NIDOTTE*, 1: 683.

[94] Ringrgren, "בער", DTAT, 1: 741.

[95] Ángel Sáenz Badillos y Judit Targona, *Antiguo Testamento interlineal hebreo-español* Históricos I (Barcelona: CLIE, 1992), II: 213.

[96] Cornelis Van Dam, "כתר", NIDOTTE, 2: 744.

[97] Badillos y Targona, *Interlineal hebreo-español*, 2: 213.

[98] Alonso Schökel, *Diccionario*, 568.

[99] BDB, 760.

sin embargo, debido a que se encuentra muy escasamente, se ha considerado el verbo como denominativo.

21:10

וַיְצַוּוּ אוֹתָם לֵאמֹר "y los mandaron diciendo", imperfecto con *waw* consecutiva צוה. Este verbo ocurre solamente en *pi'el* y en *pu'al*. No entra en ninguna categoría (véase 2:20).

21:13

וַיְדַבְּרוּ אֶל־בְּנֵי בִנְיָמִן "y hablaron los hijos de Benjamín", imperfecto con *waw* consecutiva de la raíz denominativa producto de la raíz דבר (véase 1:21).

21:14

אֲשֶׁר חִיּוּ "que habían dejado con vida" (NVI), perfecto de חיה. Significa en *qal* "vivir", y en *pi'el* "permitir vivir", es decir "dejar con vida". Es factitivo.

21:20

וַיְצַוּוּ אֶת־בְּנֵי בִנְיָמִן "y mandaron a los hijos de Benjamín", *pi'el* imperfecto de la raíz צוה la cual no encaja en ninguna de las categorías (véase 2:20).

21:23

מִן־הַמְּחֹלְלוֹת "de las que danzan", *pol'el* participio de la raíz חול.[100] En *qal*, significa "girar, dar vueltas, danzar, bailar"; en *pol'el* "retorcer, hacer girar". No se usa en *pi'el*. La forma duplicada *pol'el* generalmente tiene dos sentidos causativo o intensivo (específicamente iterativo). En este contexto es iterativo, el *pi'el* un sentido intensivo iterativo.

---

[100] Allegue, *Diccionario Bíblico*, 75; Alonso Schökel, *Diccionario*, 247.

3.3 Análisis estadísticos de las conjugaciones *pi'el* relacionadas en el libro de Jueces

A continuación, se presenta un resumen de las raíces *pi'el*, *pual* y de conjugaciones menores estudiadas aquí en el libro de Jueces.

	Verb	Conjugación	sentido	Significado	Frec.
1	קצץ	*pi'el* imperfecto 1:6 *pu'al* participio	Resultativo	Cortar, ser cortado	2
2	לקט	*pi'el* participio	Factitivo	Recoger	1
3	שלם	*pi'el* perfecto 1:7	¿Factitivo?		1
4	שלח	*pi'el* perfecto 1:8, 25; 7:8; 12:9; 20:48 imperfecto con *waw* 2:6; 3:18; 15:5; 19:25, 29; 20:6 pual 5:15	Uso idiomático, resultativo o intensivo	Enviar, dejar ir	12
5	דבר	*pi'el* perfecto 1:21; 2.4, 15; 5:12, 27; 6:36, 37; 13:11 participio 6:17 cohortativo 6:39 imperfecto 7:11, 8:8; 9:1, 3; 11:11; 14:7; 16:10,13; 21:13 infinitivo 8:3, 9:37; 12:6; 15:17; 19:3 imperativo 9:2; 19:30; 20:3	Denominativo productivo	Hablar, decir	29
6	גרש	*pi'el* imperfecto 2:3; 6:9, 11:2.	Resultativo	Echar, despedir,	3

				expulsar, ser desterrado	
7	צוה	*pi'el* perfecto 2:20; 3:4; 4:6; 13:14 *pi'el* imperfecto con *waw* consecutiva 21:10, 20 (2)	No clasificado	Ordenar, mandar	7
8	נסה	*pi'el* infinitivo 2:22; 3:1, 4 imperfecto 6:39	No clasificado	Probar	4
9	למד	*pi'el* infinitivo 3:2	Causativo	Enseñar	1
10	חזק	*pi'el* imperfecto con *waw* 3:12 perfecto 9:24	Factitivo	Fortalecer	2
11	כלה	*pi'el* perfecto 3:18; 15:17	Factitivo	Terminar	2
12	כסה	*pi'el* imperfecto con *waw* 4:18, 19	Resultativo pero no en comparación a la forma *qal*. la raíz es denominativa	Cubrir	2
13	בקש	*pi'el* participio 4:22; 14:4; 18:1 imperfecto con *waw* 6:29	No clasificado	Buscar	4
14	ברך	*pi'el* imperativo 5:2, 9 *pual* (2) 5:24 imperfecto con *waw* 13:24	¿Delocutivo?	Bendecir	6
15	זמר	*pi'el* imperfecto 5:3	Factitivo	Hacer música, cantar	1

16	חצץ	*pi'el* participio 5:11	Denominativo	Asaetar	1
17	תנה	*pi'el* imperfecto 5:11 infinitivo 11:40	Intensivo	Relatar, celebrar	2
18	חקק	*Po'el* participio 5:14	Denominativo	Decretar, promulgar,	1
19	חרף	*pi'el* perfecto 5:18; 8:15	Resultativo	Afrentar, injuriar	2
20	יבב	*pi'el* imperfecto con *waw* 5:28,	Onomatopéyico	Lamentarse	1
21	בוש	*Pol'el* perfecto 5:28	No clasificado	Atrasar, detener, demorar	1
22	אחר	*pi'el* perfecto 5:28	De preposicional /de adverbial	Atrasar	1
23	חלק	*pi'el* imperfecto 5:30	Resultativo	Repartir	1
24	שחת	*pi'el* infinitivo 6:5	Causativo/ parcialmente factitivo	Devastar, arruinar	1
25	ספר	*pi'el* perfecto 6:13 participio 7:13	Iterativo- *qal* Raíz denominativa	Relatar	2
26	נתץ	*pu'al perfecto 6:28*	Resultativo	Demoler, derribar	1
27	לקק	*pi'el* participio 7:6, 7:7	Onomatopéyico	Lamer, lengüetear	2
28	כבד	*pi'el* Imperfecto 9:9; perfecto con *waw* consecutiva 13:17	Factitivo subjetivo/ delocutivo	Honrar, multiplicar, producir	2
29	שמח	*pi'el participio* 9:13	Factitivo	Alegrar, hacer que se alegre	1
30	ארב	*pi'el participio* 9:25	Frecuentativo	Espiar, embocarse,	1

			parcialmente		
31	קלל	*pi'el* imperfecto con *waw* 9:27	Factitivo	Maldecir, echar maldiciones	1
32	רבה	*pi'el* imperativo 9:29	Factitivo	Aumentar, multiplicar	1
33	ענן	*Po'el* participio 9:37	Onomato-péyico	Adivinar	1
34	מהר	*pi'el* imperativo 9:48 imperfecto con *waw* 13:10	abverbial	Apresurar-se, darse prisa	2
35	מות	*Pol'el* imperativo 9:54	Factitivo	Matar	1
36	רצץ	*Po'el* imperfecto con *waw* 10:8	Metafórico	Oprimir	1
37	שסע	*pi'el* imperfecto con *waw* 14:6 *pi'el* infinitivo 14:6	Resultativo intensivo	Despeda-zarse	2
38	פתה	*pi'el* imperativo 14:15; 16:5	Factitivo	*Qal:* ser ingenioso *pi'el* engañar, seducir	2
39	רעה	*pi'el* perfecto 14:20;	Denomina-tivo	Considerar como amigo	1
40	ענה	*pi'el* infinitivo 16:6, 19; 20:5	¿Factitivo?	Humillar	3
41	חרב	*pu'al* perfecto 16:7, 8	factitivo	Secar	2
42	נתק	*pi'el* imperfecto con *waw* 16:9, 12	Intensivo	Romper en mil pedazos	2
43	אלץ	*pi'el* imperfecto con *waw* consecutiva 16:16	No se clasifica	Importunar	1

44	גלח	*pu'al* perfecto 16:17, 22 *pi'el* imperfecto con *waw* consecutiva 16:19	Factitivo	Ser rapado	3
45	ישׁן	*pu'al* imperfecto con *waw* consecutiva 16:19	Causativo/ factitivo	Hacer dormir	1
46	נקר	*pu'al* imperfecto con *waw* consecutiva 16:21	Intensivo	Arrancar	1
47	צמח	*pu'al* infinitivo 16:22	Intensivo	crecer con lujo	1
48	הלל	*pi'el* imperfecto con *waw* consecutiva 16:24	Delocutivo	Alabar, decir "alabado"	1
49	שׂחק	*pi'el* yusivo 16:25	Intensivo-factitivo	Reír repetida-mente, mofarse	1
50	צחק	*pi'el* imperfecto con *waw* consecutiva 16:25	Factitivo-intensivo	Reír repetida-mente, mofarse	1
51	חזק	*pi'el* imperativo 16:28	Factitivo	Fortalecer	1
52	מלא	*pi'el* imperfecto con *waw* consecutiva 17:5, 12	Factitivo	Llenar, completar	2
53	רגל	*pi'el* infinitivo 18:2, 14, 17	Denomina-tivo	Caminar, extraviar, calumniar	3
54	אסף	*pi'el* participio 19:15, 18	Resultativo	Acoger	2
55	עלל	*Po'el* imperfecto con *waw* consecutiva 20:45	Denomina-tivo	Rebuscar	1

56	נתח	*pi'el* imperfecto con *waw* consecutiva 19:29; 20:6	Denomina-tivo	Descuarti-zar, despedazar	2
57	דמה	*pi'el* perfecto 20:5	Factitivo	Comparar, intentar, parecer, pensar	1
58	בער	*pi'el* cohortativo 2:13	Factitivo	Quemar, extirpar	1
59	כתר	*pi'el* 20:43	Denominativo	Rodear	1
60	חיה	*pi'el* perfecto 21:14	Factitivo	Vivir	1
61	חול	*Pol'el* participio 21:23	Iterativo-Intensivo	Retorcerse	1

Tabla 3.1: Resumen de las raíces duplicadas y usos en el libro de Jueces

En este estudio, se ha analizado las 61 raíces encontradas en la conjugación *pi'el* y otras conjugaciones vinculadas con esta conjugación. De los 171 casos analizados, se incluye 4 en *po'el*, 3 en *pol'el*, 10 en *pu'al* y 154 en *pi'el*. No se ha estudiado la conjugación *hitpa'el* en este trabajo.

Usos	Frecuencia absoluta	Frecuencia relativa
Resultativo/Idiomático	9	15 %
Denominativo	8	13 %
No clasificado	5	8 %
Factitivo/ delocutivo (2)/causativo (3)	26	43 %
Intensivo	7	11 %
Onomatopéyico/de adverbial/de preposicional/metafórico	6	10 %
Total	61	100 %

Tabla 3.2: estadísticas de los usos en el libro de Jueces

En esta última tabla se presenta un resumen del estudio sobre los usos de la conjugación *pi'el* y conjugaciones vinculadas en el libro de Jueces. Se observa que 9 raíces sobre 61 o sea 15 % se clasifican en el sentido resultativo. En algunos de estos casos, las raíces presentan también matices idiomáticos.

Las raíces denominativas representan 13 % de los casos estudiados. En algunos de estos casos no se debería hablar solamente de un *pi'el* denominativo sino de una forma verbal denominativa ya que varias de estas raíces existen también en otras conjugaciones. Los verbos siguientes (ספר, פתה דבר, כסה) existen también en otras conjugaciones.

En 5 ocasiones (8 % de las raíces estudiadas) no se ha podido clacificar las raíces verbales en ninguna categoría. De las 61 raíces analizadas, 26 lo que representa 43 %), se encuentran en *pi'el* factitivo. Las dos subdivisiones de *pi'el* factitivo son representadas; verdadero o real y psicolingüístico (delocutivo).

El 11% (o sea 7) de los casos analizados se clasifican como intensivos. No existe criterios sintácticos para el sentido intensivo, por lo tanto, hay otros casos clasificados como intensivos. Hay casos resultativos que podrían tener los dos sentidos.

De los 61 verbos, 6 casos (lo que representa 10%), entran en diferentes categorías nuevas, es decir, clasificaciones que no fueron discutidas en el capitulo de esta investigación. Se ha descubierto casos de *pi'el* y de conjugaciones duplicadas con el sentido onomatopéyico, adverbial, preposicional y metafórico.

Según estas estadísticas, no tan fácilmente se puede optar por uno de los conceptos estudiados en el capítulo 2, a pesar de que haya encontrado el *pi'el* factitivo con más frecuencia. Con relación a los estudios de Jenni, existen aproximadamente 100 raíces que cumplen con las características del sentido *pi'el* factitivo. Estos casos según el resumen de Hillers algunos son discutibles por no cumplir con los criterios de transitividad sugeridos por Jenni.

Unos 315 casos son resultativos según los estudios de Jenni. Algunos de los verbos resultativos son difíciles de clasificar. Con seguridad, la conjugación *pi'el* no tiene un sentido fundamental factitivo, ni resultativo o intensivo. Algunos verbos, no la mayoría, tienen un sentido factitivo, otros también resultativo. Muchos verbos no entran ni en estas categorías ni en la categoría intensiva. Se puede hablar de verbos factitivos o resultativos como en cualquier idioma, pero no se debe encajar la conjugación *pi'el* en ninguna categoría.

CONCLUSIÓN

El propósito principal de este trabajo ha consistido en deducir los usos de la conjugación *pi'el* en el hebreo bíblico basado en el libro de Jueces. Para alcanzar este objetivo global, se ha propuesto alcanzar otros objetivos secundarios: 1) exponer históricamente las teorías en cuanto al significado principal de la conjugación *pi'el* y de la conjugación duplicada en general; 2) explicar e ilustrar los conceptos actuales relacionados con la conjugación *pi'el*; 3) analizar el significado de las formas *pi'el* y las formas vinculadas con la conjugación *pi'el* en el libro de Jueces; 4) estudiar las conjugaciones poco usuales vinculadas con *pi'el*; 5) cotejar estadísticamente los datos obtenidos en el análisis del significado de las formas verbales en *pi'el* y conjugaciones relacionada con *pi'el*.

A partir de estos objetivos se han hecho algunas preguntas para dirigir la investigación: 1) Históricamente, ¿cuáles han sido las teorías en cuanto al significado principal de la conjugación *pi'el* del hebreo bíblico? 2) ¿Cómo se explican e ilustran los conceptos actuales relacionados con el significado de la conjugación *pi'el*? 3) ¿Cómo pueden contribuir las conjugaciones poco usuales al entendimiento de la conjugación duplicada? 4) ¿Qué se deduce acerca del significado de la conjugación duplicada al estudiar los casos de *pi'el* y los casos de las conjugaciones relacionadas con *pi'el* en el libro de Jueces? 5) ¿Qué se puede concluir del cotejo estadístico de los datos obtenidos en el análisis de las formas verbales en *pi'el* y conjugaciones relacionadas con *pi'el* en el libro de Jueces?

En la primera parte del segundo capítulo del trabajo se logró exponer las diferentes teorías acerca de la conjugación *pi'el* (intensivo, factitivo, resultativo, denominativo, etc.). En la segunda parte del capítulo, se ha explicado los usos por medio de ejemplos sacados del Texto Masorético. En una tercera sección, se ha expuesto las conjugaciones relacionadas con la conjugación *pi'el*.

El capítulo 3 consiste en un análisis de todas las formas encontradas en *pi'el* y las formas vinculadas excepto el *hitpa'el* y el análisis estadístico de todas las formas estudiadas en el libro de Jueces.

Según los resultados en el marco teórico, se puede ver que históricamente nunca había un acuerdo unánime en cuanto al sentido de la conjugación *pi'el*. Los resultados comúnmente encontrados son intensivos, factitivos, resultativos, denominativos y causativos. ¿Cuál de estas conjugaciones es la conjugación fundamental? El sentido intensivo había sido considerado por muchas autoridades hebraístas hasta que Goetze afirmara que el significado principal era factitivo. Sin embargo, los estudios de Goetze no dieron fin al debate por no ser exhaustivos en cuanto a las raíces hebreas.

El estudio más completo en este tema probablemente era el de Jenni, quien estudió las 415 raíces conjugadas en *pi'el* en el hebreo bíblico. Según sus conclusiones, alrededor de 100 raíces presentan características de ser *pi'el* factitivo por el hecho de ser intransitivos en *qal* e intransitivo en *pi'el*. Aproximadamente 315 son resultativos sintácticamente por ser transitivos en *qal* y en *pi'el*. Sin embargo, no son concluyentes los estudios. Por un lado, falló en sus conclusiones sobre los factitivos. En efecto, en su reseña del libro, Delbert Hillers subrayó que Jenni no da suficientes pruebas para sus conclusiones. Sostiene que el autor define mal unas categorías gramaticales y semánticas. Se confunde a veces en el asunto de la transitividad, pues hay verbos intransitivos en alemán (el idioma en el cual escribió Jenni) que son transitivos en hebreo. La mitad de los 47 verbos listados por Jenni como intransitivos en *pi'el* o *hif'il,* pueden considerarse como transitivos en algunos de sus usos. Por otro lado, Jenni falló en cuanto a los verbos resultativos, muchos de los verbos explicados como resultativos no satisfacen el criterio de la transitividad. Por lo menos, 40 de los verbos clasificados por él en esta categoría son intransitivos en *qal* según lo que reporte Waltke y O'Connor de Stuart Ryder. Son de preferencia iterativos según los últimos autores mencionados. El debate en cuanto al sentido fundamental sigue siendo abierto. Walkte y O'Connor no desechan el trabajo de Jenni, sin embargo, la manera de clasificar los sentidos es diferente porque encuentran otros usos tales como el frecuentativo, denominativos, además de factitivo y resultativo.

El tercer capítulo es un análisis de las formas *pi'el* y conjugaciones relacionadas en el libro de Jueces. En este estudio sobre las 61 raíces, se ha descubierto que la conjugación duplicada puede tener el sentido resultativo por los casos encontrados en el libro. También tiene uso idiomático y denominativo de raíces denominativas. Existe el sentido factitivo. Se registran veinticinco casos bajo este sentido (factitivos reales y delocutivos, causativo), siete casos intensivos, tres casos con el sentido onomatopéyico, un caso deadverbial, un caso depreposicional y un caso metafórico. El análisis de las estadísticas de los casos en Jueces no permite llegar a una conclusión segura ni siquiera en el libro. Es mejor considerar la conjugación como si no hubiera un sentido fundamental.

No se puede pretender que los resultados encontrados en este trabajo son concluyentes absolutamente en el estudio de la conjugación *pi'el*, porque el estudio se limita a un libro nada más. Esto quiere decir que se limita a una época especial del desarrollo del idioma y a un género literario. Por lo tanto, se recomienda repetir los estudios en los escritos poéticos y proféticos. Desde el punto de vista gramatical se puede aplicar la misma definición para la transitividad o intransitividad a los verbos en hebreo y en idiomas romances e indoeuropeos. Sin embargo, conviene entender mejor el concepto del objeto directo en el hebreo. Por tal motivo, se recomienda un estudio sobre este tema también. Sería interesante estudiar el comportamiento de la forma *pa'el* que es la contraparte del *pi'el* en el arameo bíblico. Una comparación con la traducción en la Septuanginta podría ayudar también a aclarar muchos puntos.

BIBLIOGRAFÍA

Alcina, Juan y Blecua, José M. *Gramática Española*, 10ª. ed. Barcelona, España: Ariel, 1998.

Allegue, Jaime Vásquez. *Diccionario Bíblico Hebreo-Español. Español-Hebreo.* Navarra: verbo divino, 2002.

Alonso Schökel, Luis. *Diccionario Bíblico Hebreo-Español.* Madrid: Trotta, 1994.

Badillos, Ángel Sáenz y Targona, Judit. *Antiguo Testamento interlineal hebreo-español tomo II- Históricos I.* Barcelona: CLIE, 1992.

Bartelt, Andrew H. *Fundamental Biblical Hebrew.* Missouri: Concordia Academic Press, 2000.

Bauer, H., y P. Leander. *Historische Grammatik der hebräischen Sprache.* Hildesheim, Alemania: Georg Olms Verlagsbuchhandlung, 1965. Originalmente: Halle, Alemania: 1922.

Beall, Todd S., *Old Testament Parsing Guide, Genesis-Ester.* Chicago: Moody, 1986.

Biblia Hebraica Stuttgartensia. Editada por K. Elliger y W Rudolph. Quinta edición enmendada por A. Schenker. Stuttgart, Alemania : Deutsche Bibelgesellschaft, 1997.

Bodine, Walter R. *Linguistics and Biblical Hebrew.* Winona Lake, Indiana: Eisenbrauns, 1992.

Botterweck, G. Johannes y Helmer Ringgren. *Diccionario Teológico del Antiguo Testamento.* Volumen I. Traducido por Alfonso de la Fuente y Mariano Herranz. Madrid, Cristiandad, 1973.

Botterweck, G. Johannes y Helmer Ringgren. *Theological Dictionary of the Old Testament.* Varios volúmenes (en proceso). Traducido por John T. Willis. Grand Rapids, Michigan: William B. Eerdmans, 1974.

Brenet, Michel, *Diccionario de la Música, histórico y técnico*, trad. por J. Ricart Matas *et al.* Barcelona: Leberia, 1942.

Brief Definitions of Hebrew Verbal Form Which Impact Exegesis", http://www.freebiblecommentary.org/HTML_Common/hebrew_ver b_forms.html (consultado el 27 de febrero 2013).

Brown, Francis, S. R. Driver y Charles A. Briggs. *The New Hebrew and English Lexicon.* Lafayette, Indiana: Associated Publishers and Authors, 1979.

Clines, David J. A., *The Dictionary of Classical Hebrew.* Varios volúmenes (en proceso). Sheffield, Inglaterra: Sheffield Academic Press, 1993-.

Deiana, Giovanni y Spreafico, Ambrogio, *Guía para el estudio del hebreo bíblico*, 3a ed. Traducido por Santiago García Jalón. Madrid: Sociedad Bíblica, 1990.

Faur, José. "Delocutive Expresions in the Hebrew Liturgy". *Journal of the Ancient Near Eastern Society* 16/17 (1984-1985): 41-54.

Fruyt, Michèle. «Les verbes délocutifs selon E. Benveniste», http://linx.revues.org/969. (Consultado el 13 de marzo 2013).

García, Josefa Martín. "Verbos denominales en "EAR": caracterización léxico-sintáctica." *Revista Española de Lingüística (RSEL)* 37 (2008): 279-310.

Goetze, Albrecht. "The So-Called Intensive of the Semitic Languages." *Journal of the American Oriental Society* 62/1 (March 1942): 1-7.

Hadumod Bussmann, *Routledge Dictionary of Language and Linguistics.* Traducido y editado por Gregory P. Trauth and Kerstin Kazzazi. London: Rourledge, 1998.

Harris, Laird, Archer, Jr. Gleason L. y Waltke, Bruce K. *Theological Wordbook of the Old Testament.* 2 tomos. Chicago: The Moody Bible Institute, 1980.

Hillers, Delbert R. Reseña de Ernest Jenni, *Das hebräische pi'el: Syntaktisch-semasiologische Untersuchung einer Verbaform im*

Alten Testament. Journal of Biblical Literature 28 (1968): 212-214.

Hillers, Delbert R. "Delocutive Verbs in Biblical Hebrew". *Journal of Biblical Literature*, 86/3 (Sep., 1967): 320-324.

Huehnergard, John. *A Grammar of Akkadian*. Atlanta: Scholar Press, 2000.

http://en.wiktionary.org/wiki/fientive, (13 de marzo de 2013).

http://etimologias.dechile.net/?frecuentativo (15 de noviembre de 2013).

http://www.wordreference.com/definicion/conjugacion (22 de febrero de 2013).

Jastrow, Marcus. *Dictionary of the Targum, the Talmud Babli and Yerushalmi, and the Midrashic Literature*. EE: UU: Hendrickson Publishers, 2003.

Jenni, Ernst y Claus Westermann. *Diccionario Teológico Manual del Antiguo Testamento*. 2 volúmenes. Traducido por J. Antonio Mugica. Madrid: Cristiandad, 1978.

John J. Parson, "The Qal perfect-Stative verbs", http://www.hebrew4christians.com/Grammar/Unit_Ten/Qal_Stative /qal_stative.html (Consultado el 21 de marzo 2013).

Joüon, Paul. *Grammaire de l'hébreu biblique*. Roma: Institut Biblique Pontifical, 1923.

Joüon, Paul y Muraoka, Takamitsu. *Gramática del hebreo bíblico*. Traducida por Miguel Pérez Fernández de la edición revisada del original inglés. Número XVIII de la serie Instrumentos para el estudio de la Biblia. Navarra: Verbo Divino, 2007.

Kautzsch, E., ed. *Gesenius' Hebrew Grammar*. Trad. por A. E. Cowley. 2a. ed. revisada y aumentada. 16a. impresión. Oxford, Inglaterra: Clarendon Press, 1910, 1982.

Kelley, Page H. *Biblical Hebrew. An Introductory Grammar*. Grand Rapids, Michigan: William B. Eerdmans Publishing Company, 1992.

Koehler, Ludwig y Walter Baumgartner. *A Bilingual Dictionary of the*

Hebrew and Aramaic Old Testament. Leiden, Holanda: Brill, 1998.

_____. *The Hebrew and Aramaic Lexicon of the Old Testament.* Edición de Estudio. 2 volúmenes. Traducido y editado bajo la supervisión de M.E.J. Richardson. Leiden, Holanda: Brill, 2001.

La Sainte Bible. Nouvelle versión Segond Révisée, París : Alliance biblique universelle, 1979.

La Santa Biblia. Versión Reina-Valera, revisión de 1960. Chicago: Moody Press, 1991.

Lambdin, Thomas O. *Introduction to Biblical Hebrew.* Nueva York: Charles Schribner's Sons, 1971.

Marín, Francisco Marcos. *Curso de gramática española.* 2a. ed. Madrid: CINCEL, 1981.

Meyer, Rudolf. *Gramática del hebreo bíblico.* Traducido por Ángel Sáenz-Badillos.Terrasa, Barcelona: CLIE, 1989.

Morrison, Geoffrey Stewart. "Teaching the Classical Hebrew Stem System, (The Binyanim". Tesis de Master of Theology, Vancouver School of Theology, April 1995.

Moscati, Sabatino, Ullendorf Edward y Von Soden, Wolfram. *An Introduction to the Comparative Grammar of the Semitic Languages, Phonology and Morphology.* 3a. ed. Porta Linguarum Orientalium. Wiesbaden, Alemania: Otto Harrassowitz, 1964.

Navarro, Francesc. *La enciclopedia.* 20 volúmenes. Madrid: Salvat editores, 2004.

Patrico, Gary D. *Basics of Biblical Hebrew Grammar.* Grand Rapids, Michigan: Zondervan, 2001.

Plank, Frans. "Delocutive Verbs Crosslinguistically". *Linguistic Typology 9* (2005): 459–491.

Parson, John J. "The Qal perfect-Stative verbs". http://www.hebrew4christians.com/Grammar/Unit_Ten/Qal_Stative

/qal_stative.html (consultado el 21 de marzo 2013).

Ramírez Pérez, José Ismael. "Introducción a la sintaxis de los tiempos verbales del hebreo con ensayo en Rut". Tesis de M. TH., Seminario Teológico Centroamericano, Guatemala, 1994.

Real Academia Española (comisión de Gramática), *Esbozo de una Nueva Gramática de la Lengua Española*, 1979.

Real Academia Española, *Nueva gramática de la lengua española, morfología sintaxis I.* España: Asociación de Academias de la Lengua Española, 2009.

_____. *Nueva gramática básica de la lengua española.* Nueva Gramática Básica de la lengua española. España: Asociación de Academias de la Lengua Española, 2011.

Ross, Allen P. *Introducing Biblical Hebrew.* Grand Rapids, Michigan: Baker Academic, 2001.

_____. "Manual del hebreo Bíblico". Traducido por J. Ismael Ramírez P. Notas de clases, Seminario Teológico Centroamericano, Guatemala, 1988.

Santa Biblia. Nueva Versión Internacional. Miami: Vida, 1999.

Schökel, Luis Alonso. *Biblia del peregrino, Antiguo Testamento prosa edición de estudio (en dos tomos).* Navarra: verbo divino, 2009.

Seow, C.L. *A Grammar for Biblical Hebrew.* Parthenon Press, Nashville, Tennessee: EE. UU. 1987.

Steiner, Richard C. "Yuqaṭṭil, Yaqaṭṭil, or Yiqaṭṭil: D-Stem Prefix-Vowels and a Constraint on Reduction in Hebrewand Aramaic". *Journal of the American Oriental Society*, 100/4 (oct. - dic., 1980): 513-518.

Strong, James. *Diccionario Strong de palabras hebreas y arameas del Antiguo Testamento y su traducción en la versión Reina Valera 1960.* Nashville, Dallas: Thomas Nelson Publishers, 2003.

Valsgård, Pål. "Verbos transformativos y resultativos en castellano".

Universidad de Oslo, (10 de mayo de 2007), 13-16 (https://www.duo.uio.no/bitstream/handle/10852/25836/masteroppg_spansk.pdf).

Van der Merwe, Christo H. J. y Naudé Jackie A., Kroeze Jan H., A *Biblical Hebrew Reference Grammar*. England, Sheffield Academic Press, 2000.

Van Gemeren, Willem A. *New International Dictionary of Old Testament Theology and Exegesis*. 5 volúmenes. Grand Rapids: Zondervan Publishing House, 1997.

Waltke, Bruce K. y M. O'Connor. *An Introduction to Biblical Hebrew Syntax*. Winona Lake, Indiana: Eisenbrauns, 1990.

Weingreen, J. A. *Practical Grammar for Classical Hebrew*. London: Oxford University Press, 1957.

Zygmunt Frajzyngier, "Notes on the R1, R2, R2 Stems in Semitic". Journal of Semitic Studies, 24/1(Spring 1979): 1-12.